AMIZADE
SEM IGUAL

William A. Barry, SJ

AMIZADE SEM IGUAL

Experimentar o
surpreendente abraço divino

Tradução:
Barbara Theoto Lambert

Edições Loyola

Título original:
A friendship like no other –
Experiencing God's amazing embrace
© 2009 The Society of Jesus of New England
Loyola Press
3441 North Ashland Avenue, Chicago, IL 60657, USA
ISBN 978-0-8294-2702-8

All rights reserved. Published under arrangement with LOYOLA PRESS, Chicago, IL, USA. Portuguese language rights handled by Agencia Riff, Rio de Janeiro, in conjunction with Montreal-Contacts/The Rights Agency.
Portuguese translation Copyright © 2023 by Edições Loyola.

Todos os direitos reservados. Publicado em acordo com LOYOLA PRESS, Chicago, IL, USA. Direitos de língua portuguesa tratados pela Agência Riff, Rio de Janeiro, em conjunto com Montreal-Contacts/The Rights Agency.
Tradução brasileira Copyright © 2023 por Edições Loyola.

As citações dos *Exercícios Espirituais* são de *Escritos de Santo Inácio, Exercícios Espirituais,* trad. R. Paiva, SJ, São Paulo, Loyola, 2000.

Dados Internacionais de Catalogação na Publicação (CIP)
(Câmara Brasileira do Livro, SP, Brasil)

Barry, William A.
   Amizade sem igual : experimentar o surpreendente abraço divino / William A. Barry ; tradução Barbara Theoto Lambert. -- São Paulo : Edições Loyola, 2023. -- (Espiritualidade cristã)

   Título original: A friendship like no other: experiencing God's amazing embrace
   Bibliografia.
   ISBN 978-65-5504-281-8

   1. Amizade - Aspectos religiosos - Cristianismo 2. Cristianismo 3. Devoção a Deus 4. Espiritualidade 5. Oração I. Título. II. Série.

23-160310   CDD-248.4

Índices para catálogo sistemático:
1. Amizade : Relacionamentos : Vida cristã   248.4
Eliane de Freitas Leite - Bibliotecária - CRB 8/8415

Preparação: Marta Almeida de Sá
Capa e diagramação: Ronaldo Hideo Inoue
Montagem a partir da ilustração
de © bernardojbp | Adobe Stock.

Edições Loyola Jesuítas
Rua 1822 n° 341 – Ipiranga
04216-000 São Paulo, SP
T 55 11 3385 8500/8501, 2063 4275
editorial@loyola.com.br
vendas@loyola.com.br
www.loyola.com.br

Todos os direitos reservados. Nenhuma parte desta obra pode ser reproduzida ou transmitida por qualquer forma e/ou quaisquer meios (eletrônico ou mecânico, incluindo fotocópia e gravação) ou arquivada em qualquer sistema ou banco de dados sem permissão escrita da Editora.

ISBN 978-65-5504-281-8

© EDIÇÕES LOYOLA, São Paulo, Brasil, 2023

Para
Marika Geoghegan,
que me ensinou muito
a respeito da amizade.

Sumário

Agradecimentos — 9

Introdução — 11
O que Deus quer?

PARTE I
Para experimentar o desejo divino de amizade — 17

1   O sentido da amizade — 19

2   A amizade com Deus na Bíblia — 25

3   As primeiras etapas da amizade com Deus — 41
Atração e tribulações

4   Aprofundar-se mais na amizade com Deus — 57
Vir a conhecer Jesus como amigo

5   O Espírito e a comunidade dos amigos de Deus — 69

PARTE II
Para nos entender e entender Deus   81

6 Como Deus pode querer minha amizade?   83
7 Esta não é uma espiritualidade egocêntrica?   89
8 Qual é a parte da salvação na amizade com Deus?   93
9 A amizade leva à compaixão por Deus?   105
10 Isto é jeito de tratar os amigos?   111
11 Como devo entender a ira e a justiça divinas?   121
12 Deus nos revela a vida íntima divina?   129

PARTE III
Para experimentar Deus   135

13 Onde experimentamos Deus?   137
14 Como sei que estou experimentando Deus?   149

Conclusão   161
Bibliografia comentada   163

Agradecimentos

ESTE LIVRO é sobre a amizade com Deus e não poderia ter sido escrito sem o estímulo de muitos bons amigos. Sou grato às seguintes pessoas: Luiz H. Chang, SJ, Marek Janowski, SJ, Bienvenu Matanzonga, SJ, e Rui Nunes, SJ, que leram e comentaram o manuscrito original como parte de um curso de leitura em orientação espiritual na Weston Jesuit School of Theology; Marika Geoghegan, que leu as primeiras partes com atenção e me incentivou a tornar mais fácil a utilização do livro; Kathleen M. Foley, SND, que foi muito zelosa em sua avaliação do primeiro esboço; meu provincial, Thomas Reagan, SJ, que me proporcionou a honra de ter lido todo o manuscrito em um domingo à tarde e ter escrito uma entusiasmada carta de incentivo; minha irmã, Kathleen May, que leu o esboço final, um capítulo por dia, e foi me dando alguns *feedbacks* por intermédio de e-mails diários de louvor e encontrando alguns erros tipográficos que o corretor ortográfico não viu; e paroquianos, retirantes e orientadores espirituais que me escutaram durante os últimos dois anos no Centro de Renovação Campion (em Weston, Massachusetts), no Centro de Espiritualidade Jesuíta do St. Charles College (em Grand Coteau, Louisiana), no Centro Dominicano para o Desenvolvimento Religioso (em Detroit, Michigan), na Paróquia de Santa Eulália (em Winchester, Massachusetts), no Centro de Espiritualidade Inaciana de Montreal e no Centro Jesuíta (em Wernersville, Pennsylvania).

Quero agradecer os muitos homens e mulheres que me proporcionam a honra de solicitar minha orientação espiritual; com eles aprendo muito sobre os caminhos divinos. Através dos anos, os leitores têm se dado ao trabalho de me escrever a respeito do efeito positivo que meus escritos têm em seu relacionamento com Deus. Essas cartas são música para meus ouvidos e me trazem grande consolação. Quero fazer um agradecimento especial a três pessoas que foram muito além do cumprimento do dever e até da amizade.

Bonnie Johnson leu o primeiro esboço com muita atenção e a habilidade de uma editora experiente e sugeriu o formato da primeira parte — na ocasião em que enfrentava uma segunda rodada de tratamentos para leucemia. Não tenho palavras para expressar minha gratidão por seu entusiasmo com o projeto e sua solicitude pelo que eu queria fazer. Jim Martin, SJ, não só leu o manuscrito com cuidado e atenção aos detalhes como também me animou com seu entusiasmo pelo livro. A Bob Doherty, SJ, e Bob Lindsay, SJ, meus amigos e companheiros no Centro Campion, coube a tarefa nada invejável de ler o manuscrito duas vezes, no primeiro esboço e depois na penúltima composição. Ambos fizeram sugestões inestimáveis, deram-me o tipo de apoio que eu precisava e foram sinceros em suas críticas. Jim Martin, Bob Doherty e Bob Lindsay personificam o que se pede a todos os jesuítas que sejam uns para os outros: "amigos no Senhor".

Por fim, expresso gratidão a George Lane, SJ, presidente da Loyola Press, e a Joe Durepos, editor de aquisições, que me convidaram mais de uma vez para publicar este livro junto à Loyola. É muito agradável ser convidado. Heidi Hill melhorou muito o livro com suas sugestões e seu entusiasmo pelo material me animou.

Introdução
O que Deus quer?

No poema evocativo *Primary Wonder* [Deslumbramento essencial], Denise Levertov escreve:

> Passam-se dias em que esqueço o mistério.
> Problemas insolúveis e problemas que oferecem
> as próprias soluções ignoradas
> lutam por minha atenção, aglomeram-se na antessala
> junto a um monte de digressões, meus cortesões,
>   que vestem
> roupas coloridas; toucas e sinos.
>   E então
>   mais uma vez o discreto mistério
>   está presente para mim, o clamor da multidão
>   afasta-se: o mistério
>   de que não há nada, nada em absoluto,
>   muito menos cosmos, alegria, memória, tudo,
>   além do vazio: e que, Ó Senhor,
>   Criador, Bendito, ainda assim,
>   a todas as horas o amparas.

Não é de admirar que não raro preferimos o "monte de digressões" e "o clamor da multidão", já que as perguntas que surgem quando estes se afastam são, na verdade, misteriosas. Como existe alguma coisa com certeza? Por que Deus nos ampara? E quanto tempo isso vai durar? Neste livro, vou lançar mais uma pergunta misteriosa: o que Deus quer ao nos criar? Eu acredito que Deus queira a nossa amizade.

Para prevenir objeções imediatas, deixe-me dizer que não creio que Deus esteja solitário e que por isso necessite de nossa amizade. Essa é uma ideia romântica e bastante heterodoxa, que, no fundo, torna Deus inacreditável. Não, eu afirmo que Deus — pela abundância da vida relacional divina, não por qualquer necessidade nossa — deseja que os seres humanos existam em prol da amizade.

Talvez essa tese soe estranha, porque está em oposição a tantos ensinamentos a respeito de Deus. Para ser sincero, eu mesmo a questionei quando comecei a analisá-la pela primeira vez. Note bem, escrevo sobre a oração como relacionamento pessoal há muitos anos, afirmando que Deus quer esse relacionamento conosco, e emprego a analogia de um relacionamento pessoal entre duas pessoas para descrever o proveitoso relacionamento entre Deus e nós. Mas a ideia de que Deus quer nossa amizade não surgiu facilmente. Sempre que ela dava as caras, eu a desprezava como uma fantasia que não deve ser levada a sério. Afinal de contas, fui criado com a clássica resposta do catecismo: "Deus me criou para conhecê-lo, amá-lo e servi-lo neste mundo e depois gozá-lo para sempre no outro". Até onde me lembro, ninguém jamais interpretou isso como sugestão de que Deus queira minha amizade.

No entanto, nos últimos anos, quando meu relacionamento com Deus se aprofundou e passei a escutar as pessoas falarem sobre a forma como Deus se relaciona com elas, convenci-me de que a melhor analogia para o relacionamento que Deus quer conosco é a amizade. Comecei a usar esse tipo de linguagem em palestras e artigos e descobri que se reflete nos outros. Espero que você encontre ressonância semelhante e confie mais plenamente em sua experiência. Nada me agradaria mais que saber que você e muitos outros vieram a achar Deus "melhor do que se diz que ele é", como minha mãe irlandesa certa vez expressou. Creio que Deus também ficaria contente.

Introdução

Contudo, a fim de confiarmos nessa experiência de Deus como amigo, precisamos superar nossos sentimentos de temor a Deus. O ensinamento que em sua maioria os cristãos mais velhos receberam a respeito de Deus induzia ao medo de Deus em vez de nos levar aos sentimentos invocados pela palavra *amigo*. Ainda encontro mais pessoas que temem a Deus do que pessoas que se sentem calorosas e amistosas em relação a ele. A ideia de amizade com Deus faz parte de sua experiência de ensinamento e de culto religiosos? Desconfio que não.

Entretanto, essa ideia tem uma tradição cultural antiga. Pode-se defendê-la como ortodoxa, talvez até mesmo como a melhor interpretação da manifesta revelação de Deus contida na Bíblia. Depois de alguns inícios enganosos, fui incentivado a escrever este livro lendo *Friendship: Interpreting Christian Love*, de Liz Carmichael, obra erudita que mostra haver uma tradição duradoura que identifica *caritas* (amor ou caridade) com amizade e, assim, define Deus como amizade.

Bastam dois exemplos dessa tradição, citados por Carmichael. Elredo, abade cisterciense inglês de Rievaulx, no século XII, criou uma variante própria do "Deus é amor" de João (1Jo 4,16): "Posso dizer... Deus é amizade?". Um século depois, Tomás de Aquino definiu *caritas* como amizade com Deus. Os dois autores conheciam o texto da primeira carta de João na forma latina: "Deus caritas est".

Essa noção de amizade com Deus parece ter alternado períodos de crescimento e declínio durante toda a história. É possível que pregadores e mestres religiosos temam que abraçar a ideia de amizade com Deus leve à destruição do mistério e da majestade de Deus, e, por isso, eles hesitam em falar no assunto. Mas estou convencido, como Carmichael também está, de que a hora de abraçar essa ideia chegou, e já não era sem tempo, para o futuro de nosso mundo — como espero deixar claro à medida que prosseguirmos. Em primeiro lugar, o temor a Deus impede um relacionamento mais próximo com Deus em muitas pessoas que conheço, e elas parecem atraídas pela noção de amizade. Em segundo lugar, a amizade com Deus leva a um círculo cada vez mais amplo de amigos, na medida em que percebemos que o desejo divino de amizade inclui todas as pessoas.

Como já mencionamos, grande parte de nosso ensinamento a respeito de Deus realça o temor a Deus. E por que não? O salmista escreve:

"Princípio do saber: temer a DEUS" (Sl 110,10). Porém o temor ao Senhor que o salmo enaltece não se parece em nada com o temor infundido pelo ensinamento religioso que leva as pessoas a manter distância de Deus.

Os salmos certamente não foram escritos para manter as pessoas longe de Deus, mas, assim como na mídia más notícias vendem mais do que boas notícias, também o fogo e os tormentos do inferno contribuem para ensino e pregação mais convincentes. Contudo, acho que, com essa tática de ensino e pregação, Deus é passado para trás e nós também.

Talvez durante algum tempo a ênfase no fogo do inferno tenha efeitos salutares na vida espiritual, mas podemos argumentar que os efeitos duradouros deixam a desejar, principalmente quando as ameaças já não impressionam. Veja o que aconteceu entre os católicos romanos com a prática do sacramento da reconciliação (chamado "confissão" antes do Concílio Vaticano II): depois do Vaticano II, assim que os católicos ficaram sabendo que não iriam para o inferno tão facilmente como tinham aprendido e que a confissão era necessária somente se tivessem cometido pecados graves, afastaram-se de sua prática, em sua maioria, e não voltaram, apesar de bispos e padres torcerem as mãos em desespero e dos benefícios reais que se obtém do uso salutar desse rito fascinante. Se o medo é o principal fator usado para impor uma prática religiosa, quando o medo é afastado, a prática acaba, e é realmente difícil renová-la.

Pior ainda, a ênfase no fogo e nos tormentos do inferno dá a Deus má reputação. Pode-se ler a Bíblia como narrativa da progressiva revelação de Deus — um Deus de compaixão. O emprego por Jesus da terna palavra *Abbá* — "querido Pai" — para Deus é o auge dessa revelação progressiva.

O "temor do Senhor" que é o princípio da sabedoria é a percepção salutar da majestade divina. Deus é fascinante e espantoso, até aterrorizante[1], como disse o teólogo Rudolf Otto. Entretanto, suponha por um momento que Deus, que é o próprio Mistério — majestoso, terrível e incompreensível —, quer nossa amizade. Então, o princípio da sabedoria pode ser a aceitação da oferta divina, embora aceitá-la mostre-se desalentador, desafiador e até um pouco assustador.

---

1 OTTO, Rudolf, *The Idea of the Holy. An Inquiry into the Non-rational Factor in the Idea of the Divine and Its Relation to the Rational*. Trad. ing. John Harvey, New York, Oxford University Press, 1976.

Introdução

Espero que neste livro você encontre um convite para se envolver em um relacionamento de amizade com Deus e em um diálogo comigo. No livro, não forneço respostas tanto quanto faço sugestões, e o convido a tentar uma abordagem sugerida ou a refletir em sua experiência à luz de minhas sugestões. Espero que isso o ajude a se tornar um amigo de Deus; o livro não atingirá meu propósito se tudo que o você tirar dele forem ideias.

Na primeira parte do livro, analiso, a princípio, a amizade humana como a melhor analogia do que Deus quer conosco e, em seguida, apresento alguns exercícios para ajudá-lo a determinar se a noção de amizade se adapta a seu relacionamento com Deus e para motivá-lo a buscar esse modo de se relacionar com Deus. Na segunda parte, forneço meditações sobre dúvidas e problemas que tive de enfrentar quando refleti na convicção que Deus quer minha amizade. Espero que essas meditações lhe sejam úteis quando você enfrentar suas dúvidas. Finalmente, na terceira parte, trato das questões sobre onde encontramos Deus e como diferenciamos a influência do Espírito Divino em nossa experiência de outras influências.

Ao iniciarmos esta jornada espiritual juntos, façamos esta oração de Santo Anselmo de Canterbury, que ele fez para Deus quando iniciou uma de suas obras teológicas e que rezei diariamente quando comecei a escrever este livro:

> Ensina-me a buscar-te
> e revela-te a mim enquanto busco;
> pois, a menos que me instruas,
> não posso buscar-te
> e, a menos que te reveles,
> não posso encontrar-te.
> Deixa-me buscar-te desejando-te;
> deixa-me desejar-te buscando-te.
> Deixa-me encontrar-te amando-me;
> deixa-me amar-te encontrando-te.

PARTE I

Para experimentar o desejo divino de amizade

1
O sentido da amizade

O DICIONÁRIO DEFINE amigo como "aquele que é ligado a outro por afeição ou estima". Tradicionalmente, segundo Liz Carmichael, há três motivos para a amizade:

- um modo comum de ser — por exemplo, porque você é humano, quero ser seu amigo;
- atração por um bom caráter — por exemplo, quero ser seu amigo porque você é uma pessoa boa;
- desejo de melhorar — por exemplo, quero ser seu amigo porque quero ser bom como você.

Carmichael continua para dizer que a "amizade perfeita[1] é um relacionamento mútuo que combina os três motivos" e observa que a esse entendimento tradicional a Bíblia acrescenta a noção de que Deus cria os seres humanos a sua imagem "por amizade com ele mesmo e uns com os outros"[2].

Ao refletir a ideia de amizade com Deus, ajuda-o a pensar em suas amizades com os outros. Quem são seus amigos? O que o faz dizer que

---

1 CARMICHAEL, E. D. H. (Liz), *Friendship. Interpreting Christian Love*, London, T&T Clark International, 2004, 34.
2 Ibid., 35.

eles são seus amigos? Você gosta de estar com eles, então, pode dizer que uma das razões de os chamar de amigos é o fato de serem agradáveis. Outra razão é que você confia neles. Conta-lhes coisas sobre você mesmo que não contaria a um estranho, ou nem mesmo a um conhecido. Você sabe que eles não vão usar mal o que lhes conta; não vão contar aos outros os segredos que partilha com eles, nem o incriminar ou o ameaçar por isso. Num nível mais profundo, você acredita que eles vão continuar sendo seus amigos mesmo quando souberem dos aspectos menos respeitáveis de seu passado e de seu caráter. Também acredita que vão ficar a seu lado em quaisquer circunstâncias, nos bons tempos e nos tempos difíceis.

Tenho certeza de que você é capaz de descrever outras características que marcam suas amizades. E ao menos algumas delas também se aplicam ao relacionamento que Deus quer ter com você. Examinar o desenvolvimento da amizade em mais detalhes ajuda a esclarecer isso.

O desenvolvimento da amizade

Vamos refletir sobre a forma como você veio a ter amizade com os homens e as mulheres que acabou de considerar. Para começar, alguma coisa o atraiu para esses amigos e alguma coisa em você os atraiu. Em geral, não fazemos amizade com pessoas pelas quais não temos atração. Ora, a atratividade tem vários aspectos. Somos atraídos pela aparência, pelo encanto, pela cordialidade, pela inteligência, pela presença de espírito, pelo caráter, pela postura pública, pela coragem etc.

Às vezes, pessoas que, a princípio, achamos sem atrativos tornam-se atraentes quando as vemos sob uma luz diferente; por exemplo, quando um amigo fala da generosidade ou do caráter excelente de uma pessoa ou esta faz alguma coisa inesperada. Quando entrei para os jesuítas, vi-me estranhamente em conflito com um dos colegas noviços. Éramos inconciliáveis. Eu não gostava dele; na verdade, eu o temia. Ele não parecia mais amigável comigo do que eu era com ele. É desnecessário dizer, não passávamos muito tempo na companhia um do outro, exceto quando necessário. Entretanto, anos depois, quando ficamos juntos em uma grande comunidade, ele teve para comigo um gesto de bondade totalmente inesperado. Minha atitude em relação a ele mudou drasticamente. Dei-me ao trabalho de procurar conhecê-lo e descobri que gostava dele e gostava de estar com ele. Tornamo-nos muito bons amigos.

Supondo essa atração inicial ou posterior, o que acontece em seguida? Você passa algum tempo com o novo amigo a fim de conhecê-lo. A princípio, a conversa será um tanto superficial enquanto observam um ao outro. Falam do trabalho, dos estudos, da vizinhança. Contudo, à medida que a amizade evolui, vocês passam para níveis cada vez mais profundos de espontaneidade mútua. Vocês vão falar não só do trabalho como também do que gostam e do que não gostam a respeito do trabalho. Vão falar de como se dão com vários membros da família. Em outras palavras, vão começar a falar de assuntos do coração.

Com o tempo, cada um de vocês vai querer saber qual é o nível de influência que exerce sobre o outro; quer pergunte abertamente ou de modo mais discreto, você vai querer saber se o outro gosta de você, se aprecia sua companhia e se quer conhecê-lo um pouco mais. Se as duas partes quiserem conhecer melhor uma à outra, então, esse período inicial de observação equivalerá a uma lua de mel. A nova amizade será absorvente, com as duas partes querendo passar bastante tempo juntas para fortalecer a amizade.

Entretanto, nenhuma amizade permanece para sempre em lua de mel. A amizade está sempre em perigo, porque todos nós nos atormentamos com temores e insegurança. Surgem perguntas como "Joe ainda vai querer ser meu amigo se souber que colei para entrar em uma faculdade melhor?"; "O que acontecerá se eu contar a Ann que há três anos traí um bom amigo?"; "Parece que Mary fala bastante sobre seu amigo Jim. Será que ela gosta mais dele do que de mim? E o que ela vai pensar se souber de meus ciúmes?"; "Posso contar a John sobre meus períodos de bebedeira e minha necessidade de ir a reuniões do AA?". Além do mais, quando a lua de mel acaba, você começa a perceber coisas de que não gosta a respeito do novo amigo. Às vezes, zanga-se com ele e nota que ele parece irritado com você. A amizade consegue superar as tempestades de desapontamento, raiva, ciúme ou mesquinharia? Mais ainda, consegue superar as tempestades violentas de fracasso real para se compreender e conseguir ficar ao lado do outro? Toda amizade verdadeira tem de enfrentar esses problemas, que acompanham o fato de sermos humanos, frágeis e medrosos.

Amigos que continuam amigos em meio à turbulência posterior ao período de lua de mel podem, então, começar a pensar em fazer uma mudança na vida ou se dedicar a um projeto juntos. Exemplo óbvio é o do casal que decide se casar e começar uma família. Mas outros exemplos também vêm à mente. Talvez você e seu amigo decidam trabalhar juntos em uma campanha política, iniciar um negócio juntos, planejar férias para as duas famílias ou compartilhar o carro para ir ao trabalho ou à escola. Essa amizade começa a ser produtiva, a superar a si mesma. Vocês querem trabalhar juntos para fazer do mundo ou de alguma pequena parte dele um lugar melhor.

Enfim, a amizade tem de enfrentar a inevitabilidade da doença e da morte. Um amigo morre antes do outro. A amizade se aprofunda durante os tempos de doença ou regride, dependendo da vontade dos amigos de continuar ou não a revelação espontânea de si mesmos. É difícil continuar: aquele que está sofrendo hesita em revelar a dor, o medo e a raiva porque não quer sobrecarregar o amigo, e o amigo hesita pela mesma razão. Quando você está muito doente, quase só fala sobre o modo como se sente; depois de algum tempo, isso se torna cansativo para ambos — para você e o seu amigo. Mas há recompensas por continuar a compartilhar o peso e a alegria da vida até a morte com nossos amigos. E desconfio que o luto depois da morte é mais fácil para quem faz isso. Pelo menos, o sobrevivente pode contentar-se por ter merecido a confiança para compartilhar o que o amigo passou. E, se é cristão, o sobrevivente sente a presença do amigo com o Jesus ressuscitado.

A amizade pessoal como analogia da amizade com Deus

Acabamos de examinar algumas etapas do desenvolvimento da amizade entre duas pessoas. Em todo este livro, afirmo que Deus quer uma amizade que é no mínimo semelhante a essa descrição de uma amizade em desenvolvimento. Assim que superamos o tipo de medo de Deus causado pela educação antiga, iniciamos alguma coisa parecida com um período de lua de mel com Deus. Segue-se um período de afastamento quando reconhecemos como ficamos vergonhosamente aquém das expectativas divinas em relação a nós. O afastamento se encerra quando percebemos que Deus nos ama, com defeitos, pecados e tudo, e a amizade se solidifica. Com Deus, conseguimos ser nós mesmos. No fim das contas, nos tornamos colaboradores de Deus no negócio familiar divino. Para os cristãos, essa etapa de colaboração no negócio de Deus chama-se discipulado ou amizade com Jesus de Nazaré. Finalmente, a amizade com Jesus, como todos os cristãos sabem, leva, basicamente, a enfrentar com ele sua terrível morte na cruz. Nos quatro capítulos seguintes, vou apresentar exercícios para lhe dar uma chance de descobrir se a noção de amizade corresponde a seu relacionamento com Deus.

2
A amizade com Deus na Bíblia

COMO JÁ VIMOS, nem sempre é fácil aceitar a ideia de amizade com Deus, quer por causa da educação religiosa anterior, quer por medo ou afastamento de Deus. A fim de entender melhor o desejo divino ao criar o mundo, voltamo-nos para a revelação de Deus na Bíblia. Apresento aqui algumas passagens que podem ser entendidas como um convite divino à amizade; ao refletir sobre essas narrativas da Escritura, talvez você descubra que experimenta Deus solicitando-lhe sua amizade, como descobriram os homens e as mulheres das narrativas.

O que a revelação bíblica nos conta sobre Deus

A religião judaica diferenciava-se de outras religiões porque os israelitas perceberam que o Deus que cultuavam não era um deus tribal — em outras palavras, não era apenas o deus deles —, mas o criador do universo, o único Deus que existe e, portanto, o Deus de todas as pessoas. Encontramos esse Deus, o Majestoso, o próprio Mistério, na Bíblia hebraica. Os israelitas levaram algum tempo para entender as implicações dessa revelação, mas elas foram significativas.

Imagine-se na presença desse Deus criador, sentindo-se ofendido por um vizinho de outra religião e querendo vingar-se. Ao rezar por essa vingança e imaginar como você e Deus podem conseguir que a ofensa co-

Para experimentar o desejo divino de amizade

metida tenha o castigo merecido, você se dá conta de que o vizinho também é filho de Deus. Essa percepção deve ter estado por trás da história contada por um rabino nos tempos medievais[1]. Há uma festa no céu depois que o exército egípcio foi destruído e os israelitas foram salvos no Mar dos Juncos (Ex 14,15-32). A hoste celestial percebe que Deus não se diverte na festa e está chorando. Eles protestam dizendo "Por que estás triste? Teu povo foi salvo. Os egípcios foram destruídos...". E Deus responde: "Os egípcios também são meu povo".

Tentamos imaginar como os judeus oprimidos na época do rabino receberam essa narrativa. Reagiram com raiva? Afinal de contas, na Bíblia, Deus ameaça destruir os inimigos de Israel. A narrativa desse rabino parece negar a existência dessas ameaças e acabar com a esperança de que os perseguidores do povo fossem destruídos. Além disso, a Bíblia retrata Deus como responsável por algumas coisas perturbadoras e até horríveis. Por exemplo, Deus é retratado como realizador da matança dos primogênitos do Egito (Ex 12,29) e, mais tarde, como ordenador de uma limpeza étnica quando os israelitas entram na terra prometida (Js 6,17.21). Esse Deus parece ser um guerreiro que tem amigos e inimigos. Os contemporâneos do rabino consideravam-se amigos de Deus, não inimigos.

Mas há alguma coisa na revelação bíblica de Deus que poderia ter levado um rabino medieval a contar a história compassiva de Deus chorando pela destruição dos egípcios. Talvez o rabino fosse movido nessa direção ao refletir sobre o livro de Jonas, onde Deus diz a Jonas: "E eu não teria pena de Nínive, a grande cidade, onde há mais de cento e vinte mil homens que não sabem distinguir a mão direita da esquerda?". Os ninivitas eram pagãos, não judeus, e Jonas esperava a destruição deles, sendo petulante quando Deus aceitou o arrependimento dos ninivitas e não os destruiu.

Da mesma maneira, acredito, há alguma coisa na revelação bíblica que nos leva à convicção de que Deus quer nossa amizade. Convido-o a realizar alguns exercícios piedosos baseados em algumas das narrativas bíblicas que nos levam a essa conclusão.

---

1   Li isso há anos em *America*, mas não consigo localizar a referência. Mesmo que seja apócrifa, a história condiz com o tipo de narrativa encontrada na crença popular judaica.

Santo Inácio de Loyola, o místico espanhol quinhentista fundador da Companhia de Jesus (os jesuítas), convida os que praticam os *Exercícios Espirituais* a fazer uma pausa antes de cada sessão de orações e meditar o seguinte: "o pensamento para o alto, considerarei como Deus nosso Senhor me olha etc." (*EE* 75). Antes de fazer cada um dos exercícios aqui, imagine que Deus olha para você esperando que você se dê conta desse olhar. No decorrer desses exercícios, você talvez tenha algumas dúvidas ou objeções. Concentre-se nelas. As meditações da segunda parte abordam dúvidas e objeções. Se as suas não estão consideradas ali, talvez você pense em analisá-las junto a Deus e outros fiéis.

A primeira narrativa da criação

No primeiro capítulo do Gênesis, a criação é atribuída ao Deus único. Deus fala e o mundo passa a existir. Ao ler, procure observar a exuberância dessa narrativa; ela revela algo a respeito do Deus criador que nos chama à amizade.

Em minha leitura dessa narrativa, recebi ajuda ouvindo *A Criação*, de Haydn, cantada no alemão original. Fiquei impressionado com a força e a alegria do desejo divino para com as criaturas vivas: "Sede fecundos e multiplicai-vos". Em alemão, o baixo que narrava a história cantou, com garra, "Mehret euch!". *Mehret* é um verbo derivado do advérbio *mehr*, que significa "mais"; *euch* é um pronome reflexivo, algo como "*vocês mesmos*". Assim, Deus diz às criaturas vivas e, depois, ao primeiro homem e à primeira mulher: "Mais de vocês mesmos". Ora, isso é, obviamente, um chamado para se multiplicar. Mas você pode também ouvir mais nas palavras "Sejam mais!"; "Crescei!"; "Sejam tudo o que puderem ser!". Não há nenhuma alusão à avareza nessa narrativa da criação, nem ao fato de Deus ser cuidadoso ou se resguardar. Em outras palavras, não há nenhum sinal de que Deus esteja com medo ou tenha rivais em criatividade.

Enquanto medita sobre essa passagem, você se sente mais atraído a Deus?

No texto, por fim, Deus diz: "Façamos o Homem à nossa imagem, como nossa semelhança [...] E Deus criou o Homem à sua imagem; /à imagem de Deus ele o criou; /homem e mulher Ele os criou" (Gn 1,26-27). Procure assimilar bem essas palavras. Deus quer que nós, seres humanos, existamos neste mundo. Além disso, fomos criados à imagem de Deus; fomos criados para sermos como Deus neste mundo. O que significa ser como Deus? Talvez tenhamos uma pista da resposta naquilo que acabamos de observar sobre a generosa criatividade divina.

Além disso, podemos entender a ordem divina "enchei a Terra e submetei-a" (Gn 1,28) como um desejo de que os seres humanos sejam comissários divinos, assistentes divinos, colaboradores divinos na criação. Esse texto tem sido usado por diversas gerações de pessoas para justificar a destruição da Terra, no entanto, uma leitura mais imparcial está mais de acordo com o sentido da revelação bíblica e o conceito de amizade com Deus. Com "leitura imparcial" quero dizer o reconhecimento de que o texto bíblico é um texto humano que tenta comunicar alguma coisa a respeito do Mistério que chamamos de Deus. A leitura imparcial nos faz perceber que o texto foi influenciado pelos preconceitos culturais e pela ignorância da época do autor, e, mesmo assim, tem alguma coisa a dizer quanto a Deus que faz sentido para o nosso tempo, para todos os tempos. A leitura mesquinha só vê as inconsistências e crueldades atribuídas a Deus ou entende os textos literalmente como revelações de Deus sem considerar os beneficiários humanos da revelação.

O cristão entende que essa narrativa insinua que Deus é trino, porque no texto Deus diz "Façamos [...]". Os israelitas, já se vê, não pensavam em termos de relações trinitárias. Contudo, neste ponto, quero considerar essa doutrina cristã sem sugerir que, por si sós, os textos do Gênesis revelam Deus como trino, a fim de indicar outra forma pela qual os seres humanos foram criados à imagem e à semelhança de Deus. Somos criaturas relacionais; existimos como pessoas só em relacionamento. E nosso primeiro relacionamento, aquele que nos constitui como pessoa, é com Deus. Vamos refletir mais na doutrina da Trindade um pouco mais adiante neste livro.

A segunda narrativa da criação

Os capítulos 2 e 3 do Gênesis contêm uma segunda tradição da criação. Essa tradição usa outras imagens, mas também pode ser entendida como um convite divino à amizade. A narrativa começa com a criação de um ser humano, "homem" (*adão*, no hebraico), que é colocado no jardim "para o cultivar e o guardar". É um jardim de abundância, onde todo desejo do homem se realiza, com uma única exceção: ele não pode comer da árvore do conhecimento do bem e do mal. Apesar da abundância, o homem está só, então, Deus cria uma alma gêmea para ele, a "mulher" (*issa* em hebraico). *A Criação* de Haydn termina com um dueto encantador por meio do qual o homem e a mulher celebram seu amor mútuo, seguido de um recitativo pelo anjo Uriel, que diz ao casal que ambos os seus componentes serão felizes para sempre, "a menos que a imaginação infiel vos tente a desejar mais do que tendes ou saber mais do que deveis". O coro final é uma alegre canção de louvor a Deus.

Mais uma vez, se lermos a narrativa com imparcialidade, sem exigir que ela se harmonize com nossas sensibilidades, encontraremos uma imagem encantadora que nos diz alguma coisa sobre a razão de Deus criar seres humanos. Reflita algum tempo sobre a imagem do jardim. Esse universo é um jardim de abundância onde não falta nada. Deus é realmente generoso. A única proibição se refere a não comer da árvore do conhecimento do bem e do mal, um preço pequeno a se pagar para viver em um lugar tão maravilhoso; e talvez nem seja um preço, mas uma questão de bom senso. Afinal de contas, por que alguém iria querer saber a diferença entre o bem e o mal se esse conhecimento pudesse ser evitado? Os seres humanos são convidados a viver e labutar nesse jardim cooperando com Deus no trabalho da criação.

Com o que acontece no capítulo 3, depois que o homem e a mulher comem da árvore proibida, preenchemos a imagem. Depois de um dia de trabalho, Deus passeia "no jardim à hora da brisa do dia" (Gn 3,8). Imagine essa cena como uma ocorrência regular. Depois de um dia de trabalho, Deus e os seres humanos reúnem-se no frescor da tarde para bater papo, por assim dizer. Essa é uma imagem de amizade e intimidade, de cooperação em criatividade e em relaxamento. Aproveite essa imagem — "habite-a"[2], como diria o teólogo britânico James Alison. Enquanto isso, observe como você reage.

---

2 Em muitas obras teológicas baseadas nas teorias antropológicas do historiador e filósofo francês René Girard, James Alison escreve sobre *habitar* um texto. Veja ALISON, James, *The Joy of Being Wrong. Original Sin through Easter Eyes*, New York,

Se sente seu coração elevar-se um pouco, alguma alegria, um desejo "você não sabe de quê", como diz C. S. Lewis, talvez esteja experimentando o profundo desejo do coração humano de amizade com Deus, que é o desejo de Deus ao nos criar.

A narrativa da queda dos primeiros seres humanos, no capítulo 3 do Gênesis, foi escrita para explicar o que deu errado no mundo bom que Deus criou. Ao contrário das histórias narradas pelas culturas ao redor de Israel, que tinham a tendência de culpar uma batalha entre deuses e semideuses pelos males e a violência tão evidentes para todos, essa narrativa põe a culpa abertamente nos próprios seres humanos, embora fossem instigados pela "serpente". É interessante observar que a tentação que leva ao pecado é o despertar da serpente de um desejo pelo fruto proibido, e que esse desejo está associado ao desejo de ser como Deus. Os primeiros seres humanos deixaram "a imaginação infiel tentá-los" "a desejar mais do que tendes ou saber mais do que deveis", a tentação contra a qual Uriel os adverte em *A Criação* de Haydn.

O único desejo negado no jardim é o desejo de conhecer o bem e o mal. No hebraico, "conhecer o bem e o mal" refere-se a vir a conhecer ou experimentar a diferença entre coisas boas e más. O único jeito de fazermos isso é provando alguma coisa boa e alguma coisa ruim, fazendo alguma coisa boa e alguma coisa ruim. Esse conhecimento não é necessário para a sobrevivência no jardim; é possível se dar muito bem sem ele. Mas a serpente insinua alguma coisa que é estranha ao projeto criativo divino — a rivalidade: "Deus não quer que comais este fruto porque não quer que sejais como Deus".

A mentira no centro da pecaminosidade humana é que podemos obter o controle de nossa existência por meio de alguma ação de nossa parte e que Deus não quer que tenhamos esse poder. A narrativa da criação por Deus dos seres humanos à semelhança de Deus está no primeiro relato da criação, mas não nesse. Entretanto, o editor final[3] do livro do Gênesis

---

Crossroad, 1998; *Raising Abel. The Recovery of the Eschatological Imagination*, New York, Crossroad, 1996, e *Faith beyond Resentment. Fragments Catholic and Gay*, New York, Crossroad, 2001.

3   Cada um dos livros da Bíblia tem sua história sobre como chegou à forma final. Muitos foram formados de antigas tradições orais, algumas das quais podem ter

conhecia o primeiro relato, pois o incluiu em seu livro. Portanto, ele sabia que os seres humanos já são como Deus, porque Deus quer que isso seja assim; Deus não estabeleceu uma rivalidade entre Deus e nenhuma criatura. Do mesmo modo, não há nada que os seres humanos possam fazer para assegurar sua existência prolongada; Deus é o único fiador disso, assim como Deus é o único criador. Desse modo, em vez de aceitar o oferecimento da amizade com Deus, os seres humanos preferiram iniciar uma rivalidade com Deus. As consequências dessa escolha desastrosa ainda nos atormentam e atormentam o nosso mundo.

Talvez valha a pena meditar sobre outra imagem proeminente nessa narrativa. No fim do capítulo 2 do Gênesis, lemos: "Tanto o homem como a mulher estavam nus, mas não se envergonhavam" (Gn 2,25). Entretanto, depois de comerem do fruto da árvore do conhecimento do bem e do mal, "Abriram-se então os olhos de ambos e reconheceram que estavam nus; coseram folhas de figueira e fizeram tangas para si". Além disso, quando ouviram Deus passeando no jardim à hora da brisa do dia, eles "se esconderam da face de JAVÉ Deus, no meio do jardim" (Gn 3,7-8).

Mais uma vez, convido-o a refletir sobre essa imagem, habitá-la. Antes de a inocência ser destruída, o homem e a mulher não tinham vergonha de sua nudez diante de Deus, nem um do outro. Poderíamos considerar essa nudez mais do que uma nudez física; ela representa a transparência psíquica e espiritual diante de Deus e um do outro. Contudo, quando seus olhos se abrem, eles sentem vergonha e procuram se esconder. Já não são transparentes diante de Deus e um do outro.

O chamado divino "Onde estás?" (Gn 3,9) pode ser entendido como o chamado quase brincalhão de um pai para o filho[4], segundo o estudioso bíblico E. A. Speiser. Deus sabe que eles procederam mal, mas, ainda assim, os envolve em um relacionamento pessoal. Eles, já se vê, agem com a costumeira loucura humana de tentar pôr a culpa em outrem. Sua vergonha do pecado impede-os de retomar a amizade mesmo quando Deus quer.

---

sido, primeiro, registradas separadamente. No caso do livro do Gênesis, há várias dessas tradições. O editor final do texto que agora temos juntou-as para formar um livro coerente.

4   SPEISER, E. A., *Genesis*, Anchor Bible, Garden City, NY, Doubleday, 1964, 25.

Abraão e Sara

Os capítulos seguintes do Gênesis podem ser entendidos como os efeitos progressivos da loucura humana. Caim mata Abel, os seres humanos vivem vidas cada vez mais curtas e o incesto e outras abominações conspurcam a terra. Por fim, no capítulo 11, com a narrativa da torre de Babel, os seres humanos atingem o ápice da separação de Deus e uns dos outros: já não se comunicam, porque não falam a mesma língua.

No entanto, Deus não desiste. Deus começa um novo capítulo do longo processo de nos levar a uma amizade adulta, chamando Abrão e sua mulher, Sarai, para que deixem o lar de seus ancestrais e fundem uma nação cujo propósito definitivo é ser a "luz das nações" (Is 49,6) sobre quem Deus é e o que Deus quer.

Podemos entender a narrativa do chamado de Abrão e Sarai como se fosse o crescimento de uma amizade. (É interessante observar que os muçulmanos se referem a Abraão como "o amigo de Deus"[5]). O progresso dessa amizade aparece quando Deus muda seus nomes para Abraão e Sara, sinal de que mudaram de status aos olhos divinos, alguma coisa como dar apelidos a nossos amigos. Contudo, isso aparece mais ainda na maneira como Abraão e Sara se desenvolvem na capacidade de ser mais aberto e até engraçado com Deus.

Deus promete que Abraão terá um filho com Sara. Entretanto, com o passar do tempo, Sara permanece estéril, por isso ela oferece a Abraão sua criada Agar para que esta tenha um filho, e Ismael nasce de Agar. Quando Deus reiterou a promessa de que Abraão teria um filho com Sara,

> Abraão prostrou-se com o rosto em terra e riu, dizendo
> de si para si: "Poderá nascer um filho de quem
>   já é centenário?
> E Sara, que já tem noventa anos, poderá ainda dar à luz?".
> E Abraão disse a Deus: "Oxalá viva Ismael diante
>   de tua face!" (Gn 17,17-18).

---

5 Sou grato ao jesuíta suíço Christian Rutishauser, que apresentou essa expressão e cuja especialidade são os estudos judaicos.

Na verdade, Abraão pede a Deus que fale sério — pois o único filho que Abraão terá é Ismael. Mas Deus insiste em afirmar que Sara terá um filho e, como se acompanhasse o espírito do humor de Abraão, Deus acrescenta: "Atenderei igualmente teu pedido em favor de Ismael: hei de abençoá-lo e torná-lo mui fecundo e numeroso" (Gn 17,20). No capítulo seguinte, Deus repete a promessa de que Sara terá um filho, e Sara também ri. Deus pergunta a Abraão "Por que Sara está a rir?", e Sara responde "Não ri!". Deus replica: "Sim, riste!" (Gn 18,12-15).

Você não tem a impressão de que Deus sorri ao dizer isso? Nesses versículos, há uma troca de réplicas engenhosas que indica um nível extraordinário de intimidade.

A natureza recíproca dessa intimidade aparece na passagem seguinte. A caminho para verificar se as coisas em Sodoma estão tão ruins como foi informado, Deus devaneia:

> Poderei esconder a Abraão o que estou por fazer [...]? Pois eu o distingui a fim de que ordene a seus filhos e a sua posteridade que observem o caminho de JAVÉ, praticando a justiça e a equidade (Gn 18,17.19).

Em seguida, Deus diz a Abraão que, se as coisas em Sodoma estiverem tão ruins como foi informado, a cidade e todos os seus habitantes serão destruídos. Abraão protesta junto a Deus:

> Queres mesmo que pereça o justo com o pecador? Talvez haja cinquenta justos na cidade. Irias exterminá-los também, e não perdoarias a cidade por estes cinquenta justos que lá vivem? Longe de ti fazer uma tal coisa: fazer perecer o justo com o pecador, de modo a ser o justo tratado como o pecador. Longe de ti! Poderá, acaso, o juiz de toda a terra não fazer justiça? (Gn 18,23-25).

Abraão percorre na verdade um longo caminho na amizade com Deus: ele diz a Deus como ser Deus! Além disso, Deus entra no espírito da conversa, e o regateio maravilhosamente divertido em que ele se envolve com

Abraão termina com Deus concordando que a cidade seja poupada se nela se encontrarem dez justos.

Entendemos essas passagens como exemplo de uma amizade que surge entre Deus e os seres humanos, uma amizade que se mostra na comicidade e em uma crescente transparência de ambas as partes. A narrativa nos diz que, ao estabelecer esse relacionamento, Deus continua a busca para fazer os seres humanos amigos de Deus e, acrescento, uns dos outros. Mas voltaremos a esse ponto mais adiante.

Como você reagiu a essa narrativa? Sente-se mais atraído a se dedicar a um relacionamento de amizade com Deus? Quer ter o tipo de amizade que Abraão e Sara tinham com Deus?

Os descendentes de Abraão e Sara

O restante do livro do Gênesis narra a história dos descendentes de Abraão e Sara. É a história de uma amizade em desenvolvimento com Deus e de uma alienação de Deus. O livro termina com a longa saga de José e seus irmãos, na qual José é traído pelos irmãos e, então, de maneira excepcional, os perdoa, narrativa que nos conta alguma coisa sobre como esse povo cresceu no entendimento de quem Deus é e de quem Deus quer que eles sejam. Ao final do livro, entretanto, o povo escolhido está no Egito, onde, como descobrimos no início do livro seguinte, Êxodo, logo é escravizado e oprimido. O que continua a ser revelado por essas narrativas é que Deus está do lado dos perdedores e das vítimas deste mundo, decidido a favorecê-los e a fazer deles a luz do mundo.

Em seus melhores momentos, os israelitas lembram-se de que foram escolhidos para ser o povo de Deus não porque têm qualidades para serem resgatados, mas simplesmente porque Deus os ama:

> Não é por serdes mais numerosos do que qualquer outro povo que JAVÉ se apegou a vós e vos escolheu, visto que sois o menor de todos os povos. Mas é porque JAVÉ vos ama e porque guarda os juramentos que fez a vossos pais que JAVÉ vos tirou, com mão poderosa, e vos resgatou da casa da servidão e da mão de Faraó, rei do Egito (Dt 7,7-8).

Ao se deixar tocar por essas palavras, talvez você ache proveitoso trocar a palavra *ama* por *gosta*[6]. O teólogo James Alison menciona que a palavra *gostar* capta melhor o tipo de afeição que Deus tem por nós e o prazer genuíno que Deus tem em nossa companhia.

Você é capaz de pensar em alguma outra narrativa da origem de um povo que critique tão abertamente o povo e até seus heróis? O grande poema épico de Virgílio, a *Eneida*, narra a história da origem do povo romano como a saga heroica de uma luta contra grandes dificuldades. O povo dos Estados Unidos ouve a narrativa da revolução heroica que estabeleceu a "terra dos homens livres e o lar dos bravos". No entanto a narrativa dos israelitas glorifica as maravilhas de Deus, que os salvou apesar deles mesmos. Eles são descritos como ingratos, covardes e medrosos, pois queriam voltar para o Egito, onde eram escravos, depois de Deus tê-los libertado milagrosamente e os conduzido através do Mar Vermelho:

> Os marginais que se encontravam entre os filhos de Israel foram tomados de fome e de novo se lamentaram, murmurando: "Quem nos dará carne para comer? Bem nos lembramos dos peixes que comíamos de graça, lá no Egito; dos pepinos, dos melões, das alfaces, das cebolas e dos alhos. No entanto, seca-nos a garganta, pois não há mais nada, nada para nossos olhos, a não ser o maná" (Nm 11,4-6).

Mais tarde, na fronteira da terra prometida, eles choram e se lamentam quando os espiões lhes relatam que, embora leite e mel corram na terra, esta é defendida por um povo feroz:

> Então toda a comunidade prorrompeu em altas vozes, clamando e lamentando-se por toda aquela noite. E os filhos de Israel murmuraram contra Moisés e Aarão dizendo-lhes "Por que não morremos no Egito ou no deserto? Por que não morremos antes? Por que nos faz JAVÉ entrar neste país para sermos mortos a fio de espada e para que nossas mulhe-

---

[6] ALISON, James, *On Being Liked*, New York, Crossroad, 2003.

res e nossos filhos sejam conduzidos como escravos?". E diziam entre si: "Elejamos um chefe e voltemos para o Egito!" (Nm 14,1-4).

Ao lermos essas narrativas dispostos favoravelmente, nós nos reconhecemos como irmãos e irmãs desses israelitas, pois sabemos que nós também não somos heróis, mas, não raro, chorões e perdedores, mesmo depois de ver as maravilhas divinas em nossa vida. Contudo, por alguma estranha razão, Deus os escolhe e nos escolhe como portadores da promessa para o mundo todo.

Somente uma amizade verdadeira, uma afeição genuína, explica essa estranha fidelidade. Ao refletir sobre essas leituras, como você se sente em relação a Deus?

A continuação da narrativa dos israelitas na terra prometida não é melhor. Até seu maior rei, Davi, revela-se adúltero e assassino. Seu filho Salomão começa com sabedoria e cria uma nação forte e próspera, mas depois dissipa tudo por idolatria e luxúria. Muitos dos outros reis desencaminham o povo. Esse povo é vítima de povos vizinhos maiores e mais poderosos e, muitas vezes, faz alianças desastrosas que levam a seu empobrecimento e sua destruição. A indignidade final acontece quando os babilônios tomam Jerusalém, o grande templo de Salomão é demolido e grande parte do povo, principalmente os artesãos e a classe alta, é levada ao exílio na Babilônia. É o grande desastre do Antigo Testamento. Os israelitas devem ter-se perguntado se Deus desistira deles. Talvez tenhamos experimentado esse sentimento.

Mas Deus não havia desistido deles. Eles ainda eram a menina dos olhos divinos, o povo que Deus escolheu para ser a luz do mundo. As grandes profecias da segunda parte do livro de Isaías (capítulos 40-55) foram escritas enquanto o povo estava no exílio na Babilônia. Elas mostram Deus continuando a cuidar do povo, zelando por ele e operando a fim de levá-lo de volta à terra prometida.

A segunda parte de Isaías começa com as palavras "Consolai, consolai meu povo!". No capítulo 43, Isaías apresenta estas corajosas declarações, que devem ter sido consolo para um povo que provavelmente estava próximo ao desespero no exílio:

Agora, assim fala JAVÉ,
que te criou, ó Jacó;
aquele que te formou, ó Israel!
"Não temas: eu te resgatei!
Chamei-te pelo nome, és meu.
Se passas nas águas, estou contigo,
e nos rios, eles não te submergirão.
Se atravessas o fogo, não te queimarás,
e a chama não te consumirá.
Porque sou JAVÉ, teu Deus,
o Santo de Israel, teu salvador.
Eu dou o Egito por teu resgate,
Cuche e Sebá em teu lugar.
Pois és de valor a meus olhos,
és precioso e eu te amo.
Também dou homens em troca de ti,
e povos, em resgate de tua vida.
Não temas: estou contigo.
Do Oriente farei chegar tua estirpe,
desde o Ocidente eu te reunirei.
Ao Norte direi: 'Dá',
e ao Sul: 'Não o retenhas'.
Faze vir meus filhos de longe
e minhas filhas dos confins do orbe:
todos os que trazem meu Nome
e que criei para minha glória,
que formei e que são minha obra." (Is 43,1-7)

No fim das contas, Deus não os abandonou. Deus ainda queria a amizade deles e continuava fiel às promessas feitas a Abraão, Isaac e Jacó. Por amor fiel, nesses versículos Deus promete levar os israelitas de volta para casa.

Ao ler esses versículos, você os ouve como se lhe fossem dirigidos? Imagina Deus lhe dizendo "Você é precioso a meus olhos: eu o amo!", embora você também, muitas vezes, não tenha vivido conforme suas melhores esperanças para si mesmo?

O Messias prometido

Os israelitas foram libertados do cativeiro e voltaram à terra prometida. Reconstruíram o templo e, mais uma vez, começaram a viver de acordo com a aliança. Mas sua fidelidade à aliança continuou a oscilar. Do princípio ao fim de sua história de fidelidade e infidelidade, eles lembravam uns aos outros a promessa divina de um Messias (traduzido para o grego como "ho Christos" e, assim, em português, como "o Cristo"), o "ungido" que anunciaria o tempo final do triunfo divino e deles.

Os cristãos acreditam que o cumprimento dessa promessa é Jesus de Nazaré, um judeu do século I de nossa era. Na verdade, acreditamos que Jesus de Nazaré é Deus feito carne, Deus encarnado. Como diz o Evangelho de João, "Pois Deus amou tanto o mundo que deu Seu Filho Único, para que todo o que crer nele [...] tenha a vida eterna" (Jo 3,16). Na grande oração que João atribui a Jesus na noite anterior a sua morte, Jesus fala ao Pai:

> Pai, chegou a hora: glorifica teu Filho, para que teu Filho te glorifique. Pois tens dado ao Filho autoridade sobre todos os homens, para que dê vida eterna aos que lhe deste. A vida eterna consiste em que te conheçam a ti, verdadeiro e único Deus, e a Jesus Cristo, teu enviado (Jo 17,1-3).

O conhecimento esperado é o conhecimento do coração, o tipo de conhecimento que amigos têm um do outro. Esse é o tipo de conhecimento que Deus quer que tenhamos. Como você reage a essa declaração? Ela o atrai? Assusta-o? Faz você se perguntar se poderia ser verdade?

Para completar esta breve excursão bíblica, eu gostaria de lembrá-lo de outro dito de Jesus, da última ceia no Evangelho joanino. No capítulo 15, Jesus emprega a imagem da videira e dos ramos para indicar como a vida dos discípulos está estreitamente entrelaçada com a dele. Então, ele diz:

> Este é o meu mandamento: amai-vos uns aos outros assim como eu vos tenho amado. Ninguém tem maior amor do que aquele que dá a vida por seus amigos. Vós sereis meus amigos

se praticardes o que vos mando. Já não vos chamo de servidores, pois o que serve não sabe o que faz o senhor. Mas eu vos chamo de amigos, porque vos dei a conhecer tudo quanto ouvi de meu Pai. Não fostes vós que me escolhestes, mas eu vos escolhi e vos mandei ir e produzir fruto, um fruto que dure. Então, meu Pai concederá tudo quanto pedirdes em meu nome. Isto vos ordeno: amai-vos uns aos outros (Jo 15,12-17).

Creio que essas palavras se destinam não só aos discípulos que estão com Jesus na última noite antes de sua morte, mas também a todos os que seguem Jesus. E todos os seres humanos incluem-se no convite para seguir Jesus. Somos todos chamados a ser pessoas "amigas de Deus e profetas" (Sb 7,27). Permita-se ouvir as palavras de Jesus como se fossem dirigidas a você.

Espero que esses exercícios contemplativos lhe tenham dado uma percepção de como Deus quer que o relacionamento seja íntimo. Além disso, espero que esteja claro que a expressão *povo de Deus* se refere a todos os seres humanos. Há um único Deus que cria o Universo. Deus quer amizade com todos.

Como se sente ao deixar-se inundar por essas palavras? Não importa quais sejam suas reações, elas lhe dão alguma coisa para conversar com Deus, ou com o Filho de Deus, Jesus. A amizade com Deus se desenvolve quando travamos essa conversa, assunto para o qual nós nos voltamos agora.

3

As primeiras etapas da amizade com Deus

Atração e tribulações

POR SER JESUÍTA, já fiz os Exercícios Espirituais de Santo Inácio muitas vezes. Também orientei muita gente nos Exercícios. Com isso quero dizer que tenho seguido as diretrizes inacianas para me envolver em um relacionamento com Deus esforçando-me para conhecer Deus melhor e seguir as orientações do Espírito e que tenho guiado outros por meio desse processo. Os *Exercícios Espirituais*, um clássico da espiritualidade cristã, contêm uma série ordenada de exercícios de oração com base na experiência inaciana de ser conduzido por Deus a um relacionamento mais profundo com Deus. Foi escrito como manual para os que orientam os outros nos Exercícios. A progressão pela série completa de exercícios requer, em sua forma ideal, um retiro de trinta dias da atividade normal com quatro etapas distintas de oração e contemplação. Entretanto, adaptações podem ser feitas com facilidade para indivíduos e grupos que querem experimentar os exercícios em um período de tempo menor.

Depois de anos fazendo e dirigindo os Exercícios e refletindo sobre a ideia de amizade com Deus, creio ter discernido um padrão de desenvolvimento que aparece nos Exercícios e também na experiência de amizade, conforme resumido no primeiro capítulo deste livro. Neste capítulo e no seguinte, quero desenvolver esse padrão com você, por isso lhe peço para questionar se já experimentou algo assim em seu relacionamento com Deus. Por meio dos exercícios que apresento aqui, espero que, se já não o conhece, você conheça o desejo de Deus para sua amizade e inicie um relacionamento mais profundo com Deus. Contudo, primeiro, quero me dirigir a quem acha difícil crer em um Deus solícito e afetuoso.

Exercícios para quem tem medo de Deus

Pais pusilânimes e abusivos deixam algumas pessoas com a imagem de pai ou mãe como a de alguém a ser temido; essa imagem transfere-se facilmente para Deus. Outros têm a imagem de um Deus aterrorizante e ameaçador por causa do ensinamento assimilado na infância. Por alguma razão semelhante, Pierre Favre (bem-aventurado Pedro Fabro), um dos primeiros jesuítas, tinha uma imagem terrível de Deus quando, em 1529, foi companheiro de quarto de Inácio enquanto ambos estudavam teologia na Universidade de Paris. Durante quatro anos, Inácio preparou pacientemente Pierre para fazer os Exercícios Espirituais. Suponho que Inácio o tenha ajudado a confiar em experiências de um Deus solícito e afetuoso, cujos planos são para o nosso bem, não um teste onde deixamos a desejar. No devido tempo, por meio do que chamamos de aconselhamento pastoral ou orientação espiritual, Pierre ficou pronto para dar início aos Exercícios Espirituais. Ele tinha o fundamento da confiança, baseada na experiência, no desejo de Deus por sua amizade, que lhe permitia envolver-se plenamente com Deus.

Se você teme a Deus mais do que se sente atraído por Deus, talvez encontre um orientador espiritual[1] que lhe dê o tipo de ajuda que Inácio deu a Pierre. Tentar executar um ou mais dos exercícios apresentados a seguir também ajuda. Antes de começar a fazer qualquer um desses

---

[1] Um orientador espiritual é alguém com quem você fala sobre suas experiências com Deus, e que pode ser ordenado ou leigo; o único requisito é que você confie nele ou nela para ajudar você com o seu relacionamento com Deus. É oportuno que o orientador espiritual tenha certo treinamento sobre o tipo de conversa espiritual que se faz necessária para cada orientando.

exercícios, passe alguns momentos contando a Deus que tem medo dele e que gostaria de não ter. Simplesmente deixe Deus saber de seu medo em suas próprias palavras, mas também deixe-o saber que você quer que as coisas sejam diferentes entre vocês dois.

Em seguida, como um exercício de oração, faça alguma coisa de que gosta, tal como passear na floresta, tomar sol ou olhar as fotos de seus filhos, netos ou sobrinhas e sobrinhos. Seja o que for que goste de fazer, faça-o com a esperança de começar a associar a Deus os sentimentos ligados a essa atividade, pois essas emoções e reações compõem a forma como Deus se comunica conosco.

Uma mulher que tinha muito medo de Deus gostava de olhar as crianças brincando. Depois de algum tempo fazendo isso com a esperança que acabamos de mencionar, ela sentiu que Deus também tinha prazer nessa atividade; lentamente ela começou a sentir e acreditar que Deus gostava do prazer que ela sentia com as crianças e gostava de partilhar essa atividade com ela.

Eis outro exercício para você experimentar. Pense em alguém que ama e que o ama. Ao fazer isso, lembre-se de que Deus criou essa pessoa, deu-lhe vida nesta terra, exatamente como fez com você. Enquanto continua a refletir na generosa criatividade divina, observe como você se sente a respeito de Deus.

Como terceiro exercício, procure imaginar que Deus lhe diz as palavras de Isaías citadas no capítulo anterior:

> Não temas: eu te resgatei!
> Chamei-te pelo nome, és meu.
> Se passas nas águas, estou contigo,
> e nos rios, eles não te submergirão.
> Se atravessares o fogo, não te queimarás,
> e a chama não te consumirá.
> Porque sou Javé, teu Deus,
> o Santo de Israel, teu salvador (Is 43,1-3).

Mais adiante na passagem, Deus diz: "És precioso e eu te amo". Em sua oração, peça para ouvir Deus dizendo-lhe essas palavras. Leve algum tempo para fazer isso. Se começar a sentir medo de Deus, diga a Deus que sente medo e peça para sentir outra coisa.

Como quarto exercício, peça para ouvir Jesus falar com você da maneira que ele falou com os discípulos na última ceia:

> Já não vos chamo de servidores, pois o que serve não sabe o que faz o senhor. Mas eu vos chamo de amigos, porque vos dei a conhecer tudo quanto ouvi de meu Pai. Não fostes vós que me escolhestes, mas eu vos escolhi (Jo 15,15-16).

Você ouve Jesus chamando-o de amigo? Simplesmente peça para crer que ele se refere a você quando diz essas palavras.

Por fim, adapto dos *Exercícios Espirituais* um quinto exercício. Mencionei anteriormente a sugestão inaciana para que você pudesse pensar na forma como Deus olha para você e tivesse outros pensamentos desse tipo antes de iniciar um período de oração. Inácio presume que Deus está sempre interessado em nós, sempre atento a nós. Recentemente, quando segui esse conselho, esquecido havia muito tempo, eu me vi impressionado pela ideia de que Deus estivesse esperando que eu tomasse consciência da presença divina. Refletir sobre essa ideia talvez o ajude a crer no amor e no interesse de Deus por você.

A atração para Deus

Inácio começa o processo dos Exercícios com uma reflexão no "Princípio e Fundamento", passagem um tanto árida, que parece vir do catecismo:

> O ser humano é criado para louvar, reverenciar e servir a Deus, nosso Senhor, e, assim, salvar-se.
>
> As outras coisas sobre a face da Terra são criadas para o ser humano e para o ajudar a atingir o fim para o qual é criado.
>
> Daí se segue que ele deve se utilizar das coisas tanto quanto o ajudam para atingir o seu fim, e deve privar-se delas tanto quanto o impedem.

Por isso, é necessário fazer-nos indiferentes a todas as coisas criadas, em tudo o que é permitido à nossa livre vontade e não lhe é proibido. De tal maneira que, da nossa parte, não queiramos mais saúde que enfermidade, riqueza que pobreza, honra que desonra, vida longa que vida breve, e assim por diante em tudo o mais, desejando e escolhendo somente aquilo que mais nos conduz ao fim para o qual somos criados (*EE* 23).

É possível refletir sobre essas palavras e chegar à conclusão de que são verdadeiras, mas não creio que elas tenham o efeito desejado sem uma experiência de Deus, uma experiência que torne Deus muito atraente. Creio que essa declaração abstrata dos *Exercícios Espirituais* se baseie na experiência inaciana de Deus como o misterioso Outro que nos cria por amor irresistível e generoso e continua a nos amparar em todos os momentos de nossa vida.

Inácio acreditava que todos os seres humanos têm experiências do amor criativo e confortante de Deus. Se prestarmos atenção nessas experiências, descobriremos que durante elas desejamos Deus de todo o coração e, ao mesmo tempo, temos uma enorme sensação de bem-estar. Envolvidos nessa experiência, sentimos que, em comparação, tudo e todos perdem a importância. Queremos este Mistério mais do que queremos qualquer outra coisa ou pessoa. Estamos — pelo menos por enquanto — livres de apegos desordenados a pessoas e coisas, ou "indiferentes", como diz Inácio; não queremos escolher nada que nos afaste do objeto desse desejo por "não sabemos o quê", o mistério que chamamos de Deus. Uma vida longa, saúde, riquezas — tudo perde a importância em comparação com o mistério que almejamos.

No capítulo 2, examinamos alguns textos bíblicos que podem evocar uma atração para Deus. Recordar-se da forma como você reagiu a esses textos talvez lhe dê uma amostra desse desejo por "você não sabe o quê". Se você foi atraído para a oração ou para o louvor, tente se lembrar de uma dessas vezes. Você se lembra de onde estava? O que estava fazendo? Permita-se saborear o momento na memória.

Para experimentar o desejo divino de amizade

A experiência foi parecida com esta, descrita no romance *Innocent Blood*, de P. D. James:[2]

Philippa sentou-se absolutamente tranquila no silêncio e através dela começou a fluir uma sensação de prazer ardente, fascinante em sua estranheza. Até os objetos inanimados da sala, o próprio ar, foram banhados por esse prazer iridescente. Ela fixou os olhos no gerânio no parapeito. Por que nunca percebera como ele era belo? Considerava os gerânios o expediente chamativo de jardineiros municipais para serem plantados em canteiros de parques, concentrados em plataformas políticas, uma planta de vaso útil para a casa, já que se desenvolvia com tão poucos cuidados. Mas esta planta era um milagre de beleza. Cada florzinha estava enrolada como um botão de rosa em miniatura na extremidade do tenro caule incrustado. De maneira imperceptível mas inevitável como sua respiração, elas se abriam para a luz. As pétalas eram de uma cor rosa-clara, transparente, levemente listadas de amarelo, e as folhas, em forma de leque, como tinham veios intrincados, e variavam em verdor, cada uma com sua penumbra mais escura! Algumas palavras de William Blake vieram-lhe à mente, conhecidas, mas novas: "Tudo que vive é sagrado. A vida deleita-se com a vida". Até seu fluxo corporal, que ela sentia como fluência suave, quase controlada, não era a inconveniente e desagradável descarga mensal dos resíduos corporais. Não havia desperdício. Tudo o que estava vivo fazia parte de uma grande totalidade. Respirar era acolher prazer. Ela gostaria de saber rezar, saber que existia alguém a quem pudesse dizer: "Obrigada por este momento de felicidade. Ajuda-me a fazer [minha mãe] feliz". E então ela pensou em outras palavras, conhecidas, mas das quais não se pode identificar a origem: "Em quem vivemos e nos movemos e temos nossa existência".

---
2   JAMES, P. D., *Innocent Blood*. London, Penguin, 1989, 255.

Você se lembra de sentir uma coisa assim em alguma ocasião da vida? Talvez olhasse para uma criança, um amigo, um pôr do sol. Essas experiências, creio eu, são exemplos do toque criativo de Deus, que deseja nossa existência para a amizade; nosso coração se comove, e queremos o que Deus quer — a saber, amizade com o mistério que chamamos de Deus.

Essa experiência de Deus, que cria por amor e para o amor, forma a base das palavras abstratas do princípio e do fundamento inaciano. Se você prestar atenção a essas experiências, reconhecerá que está sendo atraído para um relacionamento mais íntimo com Deus, para a amizade. Quando participa com prazer dessas experiências, você inicia algo como um período de lua de mel em seu relacionamento com Deus — você quer estar com Deus e experimentar a presença divina cada vez mais. Essas experiências, meditadas e saboreadas, proporcionam o firme fundamento sobre o qual você e Deus constroem uma intensa amizade.

Tribulações na amizade

Em determinado momento da amizade, a pessoa percebe que alguma coisa está errada, e a lua de mel acaba. No caso da amizade com Deus, entendo nesse momento que Deus me criou para a amizade e que ele almeja um mundo onde os seres humanos vivam harmoniosamente com Deus, uns com os outros e com o ambiente, mas percebo que o mundo não é assim e que também não tenho vivido de acordo com o sonho divino — o mundo e eu não alcançamos o objetivo que Deus almeja. Uma tribulação introduziu-se em minha amizade com Deus.

No capítulo 2, vimos isso na segunda narrativa da criação, na qual os primeiros seres humanos comem o fruto proibido na tentativa de ser igual a Deus. Eles têm medo, cobrem-se e escondem-se de Deus. Sentem-se envergonhados e indignos da amizade divina e antecipam o castigo. Você já se sentiu assim quando tomou consciência da presença divina?

Nos Exercícios Espirituais, o exercitante que começa a se sentir envergonhado e indigno da amizade divina está iniciando a etapa que Inácio chama de Primeira Semana, período em que se enfrentam os próprios pecados e defeitos e os pecados e os defeitos de nosso mundo humano. As questões que o exercitante enfrenta são simples: "Deus ainda quer minha amizade depois de todos os meus pecados e ofensas? Deus ainda ama nosso mundo humano, apesar do caos em que nós seres humanos o transformamos?".

Aqui cabe uma palavra de advertência. A tentação pode ser para nos mover imediatamente a um exame severo de nossa vida passada, para analisarmos todos os nossos pecados. Entretanto, precisamos reconhecer que não conseguimos ver toda a nossa pecaminosidade. O pecado cria um ponto cego que nos impede de ver a verdadeira natureza de nossa pecaminosidade. Por essa razão, precisamos pedir a Deus que nos revele nossos pecados, nos revele como Deus nos vê e como vê o mundo. Pedir a Deus em confiança essa revelação é quase impossível, a menos que tenhamos tido uma experiência de Deus solícito e amoroso, daí a necessidade de experiências do tipo do "princípio e fundamento" que vimos anteriormente.

Entretanto, mesmo com uma confiança em Deus baseada na experiência, achamos difícil solicitar essa revelação. Afirmo com propriedade que isso não é tão assustador como poderíamos supor. Vejamos algumas formas de lidar com isso.

Exercício. Relembre a última experiência que teve de Deus como amigo e íntimo. Agora, diga a Deus que quer voltar àquela intimidade. Diga alguma coisa assim:

> Sei que há alguma coisa errada em nosso relacionamento. Faça-me saber se há alguma coisa que fiz ou disse ou deixei de fazer ou dizer. Sinto que não tenho vivido conforme os compromissos de nossa amizade; peço-lhe que me avise se o excesso desses delitos atrapalhar nossa amizade agora.

Em seguida, pense em alguma ocasião do passado e deixe as lembranças fluírem, confiando que Deus lhe mostre o que você precisa saber. Faça esse exercício algumas vezes, lembrando-se de vários períodos de sua vida. Não seja compulsivo, tente abranger tudo. Simplesmente deixe as lembranças fluírem. O Espírito Santo de Deus vai fazer o trabalho de lembrá-lo daquilo que você precisa saber e de que precisa se arrepender.

Enquanto toma consciência de onde você não correspondeu ao sonho de Deus para você ou onde você se afastou da oferta divina de amizade, fale com Deus. Observe como Deus reage a sua disposição de se ver através dos olhos divinos. Não é muito menos ameaçador e depreciativo do que quando você analisa seus pecados passados sozinho?

Talvez você esteja se perguntando o que eu quis dizer quando disse que você deve observar como Deus reage a você. Não estou falando de ouvir a voz de Deus como se vocês estivessem na mesma sala. Você pode ouvir uma voz na mente ou no coração dizendo alguma coisa que soa como resposta de Deus a você. Ou você pode recordar alguma passagem da Escritura ou algumas palavras de uma homilia ou uma palestra que pareçam ser respostas a seu desejo de ter notícias de Deus. Talvez você se pergunte se esses pensamentos ou palavras são apenas produto de sua imaginação muito ativa. Mas você precisa lembrar-se de que o único jeito de Deus se comunicar com você é por meio de sua imaginação — e de suas lembranças, suas percepções e seus pensamentos. Na parte 3, dedico um capítulo ao processo de discernimento. Se sentir necessidade, vá até o capítulo 14 agora e leia a respeito desse processo.

Exercício. Ao tomar consciência de seus pecados, talvez você queira ouvir Deus dizer-lhe estas palavras do profeta Isaías:

> Lavai-vos, purificai-vos.
> Afastai vossa maldade
> de minha vista,
> cessai de fazer o mal,
> aprendei a fazer o bem.
> Procurai o direito,
> socorrei o oprimido,
> sede justos para com o órfão,
> defendei a viúva!
> "Vinde e discutamos", diz Javé.
> Vossos pecados, embora escarlates,
> branquearão como neve;

embora rubros como púrpura,
tornar-se-ão como lã (Is 1,16-18).

Deus lhe diz que seus pecados são purificados. Você sente a água salutar e refrescante do perdão divino inundando-o? O que acontece quando Deus nos purifica de nossos pecados? Deus não se abstém simplesmente de nos punir, mas nos reconduz à amizade. Vejamos dois exemplos de como Deus perdoa.

Exercício. No Evangelho de Lucas, Jesus responde a acusações de que acolhia pecadores e comia com eles (Lc 15,1-2) com esta narrativa:

Um homem tinha dois filhos. O caçula disse ao seu pai: "Pai, dá-me a parte dos bens que me cabe". E o pai repartiu seus bens entre os dois. Poucos dias depois, o caçula juntou todos os seus bens, partiu para uma região longínqua e esbanjou tudo por lá, vivendo dissolutamente.

Depois de gastar tudo, uma fome terrível assolou aquela região e ele começou a passar por privações. Então, ele ficou como empregado de alguém daquela região, o qual o enviou aos seus campos para guardar porcos. Bem que ele desejava matar a fome com as vagens que os porcos comiam. Mas nem isso lhe davam! Caindo então em si, disse: "Quantos empregados de meu pai têm pão à vontade, e eu aqui morrendo de fome! Vou partir, voltar para meu pai e dizer-lhe 'Pai, pequei contra o céu e contra ti. Não mereço mais ser chamado teu filho. Trata-me como a um dos teus empregados!'". Ele partiu de volta para o pai. Ainda estava longe quando seu pai o avistou e ficou penalizado. Correu, então, ao seu encontro, abraçou-o cobrindo-o de beijos. O filho lhe disse: "Pai, pequei contra o céu e contra ti. Não mereço mais ser chamado teu filho!". Mas o pai ordenou aos seus empregados: "Trazei-me depressa a melhor roupa e colocai nele. Ponde um anel no seu dedo e sandálias nos pés. Trazei também o novilho de engorda, matai-o, comamos e façamos uma festa; porque meu filho estava morto e voltou à vida, estava perdido e foi encontrado!".

E começaram a festa.

O filho mais velho estava no campo. Mas quando voltava, aproximando-se da casa, ouviu a música e o barulho das danças. Chamando um dos empregados, perguntou-lhe o que significava aquilo. Este respondeu: "É teu irmão que está de volta! Teu pai matou o novilho de engorda porque o recuperou com saúde!". O irmão mais velho ficou enfurecido e não queria entrar. O pai saiu e insistiu com ele. Mas ele respondeu ao pai: "Há tantos anos te sirvo, sem desobedecer a nenhuma das tuas ordens, e nunca me deste um cabrito sequer para fazer uma festa com meus amigos. Mas só porque está de volta esse teu filho, que esbanjou teus bens com as prostitutas, mandas matar para ele o novilho de engorda!".

Então, o pai lhe respondeu: "Filho, tu estás sempre comigo, e tudo o que é meu é teu também! No entanto, é preciso festejar e ficar alegre, porque este teu irmão estava morto e voltou à vida, estava perdido e foi encontrado!" (Lc 15,11-32).

Essa é a parábola do filho pródigo. O filho é pródigo em insensatez, mas o pai é ainda mais pródigo em "insensatez", segundo a sabedoria daquele tempo e talvez de todos os tempos.

Na sociedade rural do tempo de Jesus, os ouvintes teriam ficado chocados com o pedido do filho caçula de sua parte da riqueza paterna. Na verdade, ele diz ao pai "Eu gostaria que o senhor estivesse morto", porque naquela sociedade ele só receberia a herança depois da morte do pai. Os ouvintes esperariam que o pai reagisse com violência; no mínimo, ele esbofetearia o filho e talvez fizesse pior. A plateia de Jesus teria ficado consternada ao ouvir o pai concordar com o pedido. Teriam ouvido com desprezo enquanto o pai passaria ainda mais vergonha pelo comportamento do filho, que chegaria aos ouvidos do vilarejo através de boatos. Ao saber da decisão do filho de voltar para o pai, imaginariam que agora o filho receberia o que merece. O pai podia legalmente matar o filho pelo que ele tinha feito; no mínimo, ele o baniria de sua vista, dando-lhe talvez um emprego de servo, mas nunca recebendo-o dentro de casa. Em vez disso, o pai acolhe o filho de volta à família e dá uma festa para todo o vilarejo. O pai possibilita ao filho traí-lo novamente. Além disso, até o filho mais velho, que no ressentimento mostra seu verdadeiro caráter, recebe o mesmo amor pródigo.

Talvez você queira refletir sobre essa parábola enquanto toma consciência de seus pecados. Você sente que Deus o acolhe dessa maneira pródiga?

Exercício. O próprio Jesus dá outro exemplo da maneira como Deus perdoa. No Evangelho de João, lemos que durante a Paixão Pedro negou três vezes ser um dos amigos de Jesus. Depois da Ressurreição, Jesus aparece a Pedro na praia. Jesus pergunta três vezes a Pedro: "Tu me amas?". Pedro responde três vezes: "Tu sabes que te amo". Todas as vezes Jesus lhe diz para apascentar "os meus cordeiros", "minhas ovelhas" (Jo 21,15-17). Desse jeito terno, Jesus faz muito mais que dizer a Pedro que ele está perdoado e que Jesus não vai julgá-lo por tê-lo negado; Jesus chama Pedro de volta à amizade e até o encarrega de chefiar os discípulos. Jesus confia em Pedro, embora Pedro não tenha dado nenhuma prova de que não iria negar sua amizade de novo. Em outras palavras, quando Jesus perdoa, não fica nenhum resíduo de desconfiança. Deus arrisca-se a ser magoado repetidas vezes, perdoando-nos, porque por esse perdão é-nos restituída a amizade e a reciprocidade.

Muitos cristãos, identificando-se com Pedro, ficam tomados de encantamento e felicidade ao perceber que Jesus lhes oferece amizade e companheirismo mesmo depois de o ofenderem profundamente. Você sente o começo desse encantamento e felicidade?

Essas duas narrativas evangélicas realçam o que o perdão divino realmente acarreta. Deus não revida, e até faz mais do que não guardar ressentimento: Deus nos recebe de volta na amizade íntima, onde podemos ofender de novo. Além disso, Deus nos confia a responsabilidade pelo bem-estar dos outros, apesar de nosso caráter fraco. É o tipo de perdão que nos faz querer ser a pessoa que Deus acredita que podemos ser. Entretanto, não nos impossibilita de fracassar de novo, e, na verdade, fracassamos vezes sem conta.

Nos *Exercícios Espirituais*, Inácio aconselha os que têm profundo sentimento de sua pecaminosidade a ter uma conversa com Jesus na cruz. Isto é, Inácio nos convida a nos imaginarmos aos pés da cruz, conscientes de quantas vezes fracassamos na amizade com Deus, e perguntar-lhe como foi que ele se tornou como nós, a fim de morrer por nossos pecados. Inácio acrescenta:

> O colóquio, propriamente dito, se faz como um amigo fala a seu amigo ou como um servo, a seu senhor, ora implorando um favor, ora acusando-se de uma ação má, ora fazendo confidências e pedindo conselho a esse respeito (*EE* 54).

Inácio supõe, nessa breve nota, que nos sentimos de várias maneiras em nosso relacionamento com Deus — às vezes, como servo indigno e, outras vezes, como amigo, embora também indigno.

Os que conseguem imaginar que olham Jesus nos olhos, sabendo que ele nos enxerga exatamente como somos, e encontram amor e perdão têm uma grande sensação de alívio. As pessoas que pedem a Deus que lhes mostre seus pecados descobrem, para sua alegria, que, juntamente com a vergonha e as lágrimas que sentem pelo modo como viveram, ficam livres de um tremendo peso. Com um grande suspiro de alívio, percebem que Deus ainda os ama em sua pecaminosidade e ainda quer sua amizade. Passaram pelo período de lua de mel e pelo tumulto de perceber como estão longe daquilo que Deus quer e, ainda assim, sentem-se amados e acolhidos por Deus.

E o mundo?

Eu e você não somos os únicos que ficamos longe daquilo que Deus almeja; o mundo todo parece estar no caminho do inferno, longe do jardim abundante que Deus quer que ele seja. Parece que a história do mundo é uma narrativa de perda e declínio, não de progresso. Talvez você se pergunte como Deus contempla o mundo agora. A pergunta está próxima ao nosso coração, embora não expressa: "Deus desistiu do nosso mundo?". Quero ajudá-lo a lidar com esse medo, muitas vezes, tácito, que espreita nas margens de nossa consciência.

Para experimentar o desejo divino de amizade

Exercício. Lembre-se da última vez em que se sentiu próximo a Deus. Você quer sentir a proximidade divina para pedir a Deus que o ajude a enfrentar seus medos a respeito da situação do mundo? Então, leia o jornal e deixe as notícias o tocarem. Talvez comece a sentir-se triste ou zangado ou profundamente perturbado pelo que lê. Fale de seus sentimentos com Deus Pai ou com Jesus. Pergunte como Deus reagiria ao que você andou lendo. Peça a Deus para mostrar-lhe o que você precisa ver e entender sobre os horrores que o afetam enquanto lê.

Certa vez, durante uma aula que ministrei, comecei a discutir a experiência de ser envolvido na sensação de grande bem-estar e no forte desejo de Deus. Alguns alunos recordaram suas experiências de quando tal desejo brotou. Uma freira da Austrália disse: "Trabalho na favela de uma cidade grande. Às vezes, quando chego em casa à noite e começo a rezar, sou tomada por soluços de tristeza e profundo sofrimento". O silêncio na sala era grande. Perguntei-lhe se queria repetir a experiência. Respondeu que sim, mas não constantemente. Então, eu disse: "Eu me pergunto se você está experimentando a tristeza e o sofrimento de Deus pelo que fizemos ao nosso mundo".

Passei a acreditar que os movimentos mais profundos de nosso coração, quando somos tocados pelas alegrias e pelas tristezas dos outros, refletem o coração de Deus. Talvez o coração divino esteja partido por causa do que fizemos e estamos fazendo uns aos outros. Talvez algumas de suas reações ao que você andou lendo no jornal sejam um pálido reflexo daquilo que Deus experimenta.

Mais adiante no livro, vamos abordar a questão do que significa a amizade com Deus em face dos desastres naturais que devastam a vida de tanta gente. Escrevo isto no primeiro aniversário do *tsunami* que destruiu tantas vidas no Leste da Ásia, no início de um ano de desastres naturais que parecem sem paralelo, pelo menos durante minha vida.

Exercício. Peça para estar na presença de Deus. Então, imagine que vai com Deus à cena no Calvário. Imagine que a narrativa toda do sonho divino para nosso mundo chega então ao clímax. Deus escolheu os israelitas para que fossem a luz do mundo e o povo do qual virá o Messias, o ungido de Deus, o Salvador do mundo. Os cristãos creem que Jesus de

Nazaré é esse Messias. Em palavras e obras, ele mostrou o que Deus espera a fim de que se realize o sonho de Deus. Agora, o próprio povo de Deus entregou Jesus aos romanos pagãos para que fosse crucificado. Em outras palavras, judeus e gentios conspiram para destruir a esperança divina, Jesus de Nazaré.

A crucificação é uma forma horrível de morrer. Deus ampara este mundo enquanto o horror se desenrola. Pergunte quais são as reações divinas. Escute as palavras de Jesus enquanto ele tem essa morte horrível: "Pai, perdoa-lhes, porque não sabem o que fazem!" (Lc 23,34). Talvez essas palavras nos deem alguma indicação da atitude divina para com este mundo imperfeito e degradado. Se Deus não desistiu do mundo depois desse horror, então, talvez seja verdade que Deus jamais desistirá do mundo.

Espero que você tenha iniciado uma profunda amizade íntima com Deus por meio desses exercícios e tenha vindo a conhecer o desejo divino de sua amizade, desejo que seus pecados e fracassos e os pecados e fracassos da humanidade em geral não desviaram. No próximo capítulo, quero levar adiante essa noção de amizade com Deus por meio de algumas reflexões e exercícios sobre o relacionamento com Jesus de Nazaré.

4
Aprofundar-se mais na amizade com Deus

Vir a conhecer Jesus como amigo

SE VOCÊ JÁ iniciou um relacionamento de intimidade com Deus, talvez agora perceba uma mudança em seu desejo. Talvez comece a querer dedicar-se de modo mais cooperativo ao propósito divino de criação. Se você é cristão, talvez queira conhecer Jesus — em cujos olhos viu perdão e amor — mais intimamente a fim de amá-lo mais ardentemente e segui-lo mais de perto, o que Inácio apresenta como o desejo da Segunda Semana dos Exercícios Espirituais. Se esse é seu desejo, talvez você queira que Jesus se revele, que deixe você conhecer o que o motiva, o que ele gosta e o que despreza, o que ele almeja. Essa revelação é a condição necessária para se apaixonar por ele e querer segui-lo. Em termos do esquema de desenvolvimento de amizade descrito no primeiro capítulo, os que chegaram até aqui no relacionamento com o Senhor iniciam uma etapa de produtividade.

Esta etapa tem altos e baixos à medida que se esclarece o que ser companheiro de Jesus envolve. Afinal de contas, se somos seus companheiros, somos propensos a encontrar os mesmos obstáculos e a inimizade que ele encontrou e sofrer o mesmo destino. Assim, nesta etapa, sentimos atração por Jesus e por seu jeito de ser humano, mas também encontramos resistência. Os que perseveram na amizade crescente com Jesus veem-se mais livres dos afetos que os impedem de seguir o caminho de Jesus, de juntar-se a ele na busca do projeto divino neste mundo.

Conhecer Jesus por meio da contemplação dos evangelhos

Se você sente o desejo de conhecer Jesus mais intimamente agora que experimentou cura e perdão, pode começar com uma contemplação dos evangelhos. Para Inácio, a contemplação é um meio bastante simples de utilizar os evangelhos para rezar. Você começa cada período de oração expressando o desejo de conhecer Jesus mais intimamente e segui-lo mais de perto. Então, você lê uma passagem dos evangelhos e deixa que ela estimule sua imaginação do jeito que um bom romance faz.

As pessoas têm tipos diferentes de imaginação. Algumas são capazes de fazer uma espécie de filme de cada cena. Observam e escutam à medida que a cena se desenrola em sua imaginação. Não tenho esse tipo de imaginação. Na maior parte do tempo, não vejo nada. Minha imaginação não é pictórica. Parece que eu intuo a narrativa ou a sinto. Perceber que tenho reações intuitivas a narrativas ajudou-me a compreender e confiar em minha imaginação — estremeço quando ouço que alguém bateu com o martelo no dedo e choro quando ouço histórias de dor e perda. Cada um de nós precisa se contentar com a imaginação que tem e confiar nela. Ao contemplar as narrativas evangélicas, não tenha medo de dar asas à imaginação.

Os evangelhos são narrativas escritas para envolver nossa imaginação, nosso coração e nossa mente de modo a conhecermos, amarmos e seguirmos Jesus. Destinam-se a evocar reações e, por fim, uma fé que se revela em ação. Não são biografias, nem documentos históricos, nem discursos teológicos.

Ao começar a contemplar os evangelhos com a esperança de vir a conhecer e amar mais Jesus, é importante lembrar-se de que Jesus de Nazaré é um ser humano histórico nascido em um pequeno território da Palestina controlado pelo Império Romano. Para muitos cristãos, é difícil acreditar seriamente que Jesus era um ser humano verdadeiro, por causa da instrução e do ensinamento que receberam. Eles dizem que Jesus era plenamente humano, mas a ênfase de muita instrução catequética e pregação é em sua divindade. E, para ser sincero, muitos cristãos acham que chamar Jesus de divino significa que ele sabia tudo, inclusive o futuro; que ele sempre sabia o que os outros estavam pensando, porque podia ler mentes e que ele podia fazer tudo o que quisesse fazer, porque era Deus. Na verdade, essa visão de Jesus de Nazaré não leva sua natureza humana a sério; muitos cristãos consideram a humanidade de Jesus só quando refletem sobre seu terrível sofrimento na crucificação.

N. T. Wright, bispo anglicano e estudioso neotestamentário, explica essa abordagem e oferece uma alternativa:

> A ortodoxia ocidental tem, há muito tempo, uma visão de Deus excessivamente elevada, imparcial e opressiva. Sempre teve tendência a abordar a cristologia supondo essa visão de Deus e tentando harmonizar Jesus com ela. O resultado foi um [...] Jesus que só parece ser verdadeiramente humano, mas de fato não é. Minha proposta não é que saibamos o que a palavra "Deus" significa e consigamos de algum modo harmonizar Jesus com ela. Em vez disso, sugiro que pensemos historicamente em um jovem judeu dotado de uma vocação excessivamente arriscada, na verdade, visivelmente louca, que entra em Jerusalém, denuncia o templo, ceia uma vez mais com os amigos e morre em uma cruz romana — e que de algum modo permitamos que nosso significado da palavra "Deus" seja recentralizado nesse ponto.

Ao contemplar os evangelhos, leve a sério este conselho. Certifique-se de levar a humanidade de Jesus[1] a sério enquanto reflete em seus atributos divinos. Jesus levou a humanidade a sério o suficiente para se tornar um de nós, e prestamos a Deus um desserviço quando minimizamos o que Deus fez para se tornar humano.

Quando usamos a imaginação do modo contemplativo que Inácio sugere, confiamos que Deus use-a para nos revelar alguma coisa impor-

---

1 WRIGHT, N. T. How Jesus Saw Himself, *Bible Review* v. 12, n. 3 (1996) 29.

tante sobre Jesus a fim de que o amemos e desejemos segui-lo. O único modo de conhecermos outra pessoa é por meio da revelação: o outro precisa revelar-se a nós. Ao contemplar os evangelhos, pedimos a Jesus que se revele a nós.

Exemplos de contemplação dos evangelhos

Na Segunda Semana dos *Exercícios Espirituais*, Inácio apresenta dois modelos do que ele quer dizer com contemplação. Alguns pontos tirados desses exercícios ajudam-no a entender o que ele recomenda.

A primeira narrativa evangélica apresentada para contemplação é a da Encarnação. O texto do Evangelho de Lucas diz: "No sexto mês, o anjo Gabriel foi enviado por Deus a uma cidade da Galileia, chamada Nazaré" (Lc 1,26). Inácio mostra como sua imaginação foi movida pelas palavras da Escritura: ele imaginou uma conversa no céu na qual a Santíssima Trindade olha para o mundo todo e, vendo-o em estado tão deplorável, decide mandar o Filho. A Bíblia nada diz sobre essa conversa celestial, mas as palavras "foi enviado por Deus" impeliram a imaginação inaciana nessa direção. Você também pode deixar as palavras tocarem-lhe a imaginação, na esperança de, assim, aprender alguma coisa a respeito dos caminhos de Deus.

Eis a primeira sugestão inaciana para contemplar a Encarnação:

> Ver as pessoas, umas após as outras.
>
> Primeiro, as da face da Terra, em tanta diversidade de roupas e de fisionomias: uns brancos, outros negros; uns em paz, outros em guerra; uns chorando, outros rindo; uns sãos, outros enfermos; uns nascendo, outros morrendo.
>
> Segundo, ver e considerar as Três Pessoas divinas como que entronizadas em sua divina Majestade, olhando toda a face e a curvatura da Terra, com todas as pessoas que, vivendo em tanta cegueira, morrem e descem ao inferno.
>
> Terceiro, ver Nossa Senhora e o anjo que a saúda. Refletir para tirar algum proveito do que é visto (*EE* 106).

Na segunda e na terceira sugestão, Inácio convida o exercitante a escutar o que as pessoas dizem e considerar o que fazem. Inácio dá a sua imaginação carta branca para lidar com o texto. Experimente e veja o que acontece. Se sentir o impulso, fale com Maria ou José e peça-lhes que o ajudem a entender o que ocorre. Converse com Jesus ou com Deus Pai. No fim de cada período de oração, reserve alguns minutos para refletir sobre o que aconteceu e talvez tomar algumas notas. Volte à mesma contemplação em outra ocasião para determinar se há mais alguma coisa para ver, ouvir e aprender.

Na segunda contemplação, do Nascimento, Inácio diz ao exercitante para imaginar onde ele aconteceu: "*Composição, vendo o lugar*: com o olhar da imaginação, ver o caminho de Nazaré até Belém, considerando seu comprimento, sua largura, se era plano, ou ia por vales e encostas" (*EE* 112). Ele não dá uma descrição do terreno, embora tivesse estado na Terra Santa; em vez disso, Inácio deixa isso para a imaginação da pessoa. Do princípio ao fim da história, artistas têm usado a imaginação para pintar passagens dos evangelhos, na maior parte do tempo, usando como modelo o cenário e as pessoas que conheciam. E muitos, como Rembrandt e Caravaggio, pintaram a si mesmos nas cenas retratadas. É esse o tipo de imaginação que Inácio incentiva.

Também deduzimos um entendimento, do modo como a contemplação funciona, da experiência inaciana de contemplação da Natividade. Essa compreensão enaltece a pobreza da Sagrada Família; contudo, por causa de sua origem social (nasceu em uma família basca nobre), não concebe Maria sem uma criada para ajudá-la, embora isso fosse altamente improvável nas circunstâncias históricas. Assim, no primeiro ponto da contemplação da Natividade, ele escreve:

> *Ver as pessoas*; Nossa Senhora, José, a criada e o menino Jesus, depois de nascido, fazendo-me eu um pobrezinho e criadinho indigno, olhando-os, contemplando-os em suas necessidades, como se estivesse lá presente, com todo o acatamento e a reverência possível (*EE* 114).

Esse tipo de contemplação incentiva cada um de nós a dar asas à imaginação. Um pediatra que conheço ajudou Maria a trazer Jesus ao mundo;

um jovem jesuíta tocou bumbo para o menino Jesus; uma grávida recebeu o menino Jesus das mãos de Maria.

Depois dessas duas contemplações, Inácio é bastante comedido em suas sugestões, porque não quer atrapalhar a pessoa que faz os Exercícios, nem quer que o que dá os Exercícios interfira. O que dá os Exercícios, escreve Inácio, "deixe o Criador agir imediatamente com a criatura e a criatura com seu Criador e Senhor" (*EE* 15). Eu o incentivo a usar as narrativas evangélicas como veículo para Jesus revelar-se a você. E lembre-se de tomar o cuidado de não passar depressa demais para pensamentos da divindade de Jesus. Deixe a humanidade dele lhe revelar quem Deus é e como Deus quer que você leve sua vida humana como imagem de Deus.

Jesus como amigo difícil

Quando você passar a conhecer e amar Jesus, vai perceber que ele o encontra de formas inesperadas. Jesus pode ser um amigo difícil que o questiona e faz exigências, bem como o apoia e consola. Talvez, em alguns momentos, você queira contar-lhe coisas assim: "Entendo por que tantos de seus discípulos o deixaram. Você é demais. Seria absurdo eu tentar viver do jeito como você viveu!". Você compreenderá bem a preocupação da família dele de que ele estivesse fora de si (veja Mc 3,21) e a crença dos líderes religiosos de que ele estava possesso de um demônio (veja Mc 3,22).

A única maneira de avançar nessa amizade é dizer a Jesus o que você realmente sente e pensa e, então, esperar a resposta dele. Jesus responde de jeitos diferentes a pessoas diferentes. Algumas têm conversas imaginárias criativas nas quais Jesus diz coisas surpreendentes. Por exemplo, um homem que lutava contra um vício pediu que Jesus o eliminasse. Então, ele ouviu Jesus dizer: "Não posso. Mas podemos superá-lo juntos". Para outras pessoas, uma frase bíblica que vem à mente parece ser uma resposta à oração. Às vezes, a resposta vem no fim do dia ou da semana como uma experiência de "Ahá!", que encerra uma situação ou mostra o caminho para seguir em frente.

Em sua maioria, as pessoas que caminham com Jesus desse jeito contemplativo percebem que o seguir exige muito esforço e é algo desafiador. Ele não promete nada além de amizade e participação em seu projeto. Vemos isso no evangelho marcano: a certa altura, Pedro responde à pergunta de Jesus "E vós quem dizeis que eu sou?" com "És o Cristo" (Mc 8,29). Jesus responde com um ensinamento difícil:

> Ele começou a lhes ensinar que o Filho do homem deveria sofrer muito, ser rejeitado pelos anciãos, pelos sacerdotes-chefes e escribas, ser entregue à morte, mas ressuscitar depois de três dias. E disse isso abertamente. Então, Pedro, chamando-o em particular, começou a censurá-lo. No entanto, ele voltou-se e, vendo os discípulos, repreendeu Pedro dizendo: "Afasta-te de mim, Satanás! Porque teus pensamentos não são de Deus, mas dos homens!".
>
> Convocou, então, o povo com seus discípulos e lhes disse: "Se alguém quer me seguir, renuncie a si mesmo, tome sua cruz e siga-me. Com efeito, quem quiser salvar a própria vida, a perderá; mas quem perder a vida por causa de mim e do Evangelho, a salvará. Pois o que adianta ao homem ganhar o mundo e perder-se a si mesmo? Que poderia dar o homem em troca da própria vida? Porque se alguém se envergonhar de mim e das minhas palavras no meio desta geração adúltera e pecadora, o Filho do homem também se envergonhará dele, quando vier na glória de seu Pai com os santos anjos" (Mc 8,31-38).

Amigo difícil, realmente. Ao contemplar textos parecidos com esse, você terá várias reações, algumas das quais talvez lhe desagradem. Não tenha medo de nenhuma de suas reações. Apenas converse com Jesus a respeito delas. Talvez você também queira conversar com outras personagens da passagem bíblica para entender a reação delas a Jesus. Por exemplo, pergunte a Pedro por que ele respondeu daquele jeito à previsão jesuana da paixão e como se sentiu depois da repreenda que recebeu de Jesus.

Conhecer Jesus pode ser desconcertante, para dizer o mínimo. O evangelho marcano nos dá um exemplo de como alguém pode ficar embaraçado. Logo depois dessa passagem, um jovem corre até Jesus e pergunta: "Bom mestre, que devo fazer para conseguir a vida eterna?".

Para experimentar o desejo divino de amizade

> Jesus lhe responde: "Por que me chamas de bom? Ninguém é bom senão Deus. Conheceis os mandamentos: Não mates, não cometas adultério, não furtes, não levantes falsas acusações, não prejudiques a ninguém, honra teu pai e tua mãe".
> O jovem, então, lhe disse: "Mestre, tenho observado tudo isso desde minha adolescência".
> Jesus olhou para ele atentamente e sentiu afeto por ele. Por isso, lhe declarou: "Uma coisa te falta: vai, vende tudo quanto tens e dá aos pobres, e, então, terás um tesouro no céu. Depois vem e segue-me!". Mas, ao ouvir essas palavras, seu rosto ficou sombrio. E ele retirou-se triste, porque tinha muitos bens (Mc 10,17-22).

Por causa do apego desse homem a seus bens, ele não podia seguir seu desejo de fazer mais. Note que ele vai embora triste; sabe que está perdendo uma coisa preciosa. Como você se sente ao contemplar essa passagem?

De vez em quando, talvez você se encontre sentindo alguma coisa parecida com o que esse jovem rico sentiu. Você também pode querer seguir Jesus completamente, mas sentir que alguma coisa o está atrapalhando. Sabe que um comprometimento total com Jesus significa sacrificar alguma coisa na vida que você sem a qual acha que não pode passar. O que você deve fazer? Certa vez, depois que dei uma palestra sobre a oração, um professor travou o seguinte diálogo comigo:

> — Quero um relacionamento mais íntimo com Deus, mas sei que, se me aproximar de Deus, terei de fazer alguma coisa que não quero fazer.
> — Por que não diz a Deus o que não quer fazer?
> — Posso dizer isso?
> — Estamos falando de amizade. Conte a Deus tudo o que está em seu coração e, então, veja como Deus responde.

Esse é o conselho que eu daria a você também. Tudo o que surge nessas contemplações é proveitoso para seu relacionamento com Jesus. Lembre-se de que a amizade se desenvolve por meio da franqueza mútua.

Jesus ama menos o rico quando este vai embora? Ama menos o professor porque ele se sentiu confuso? Se conseguiu conhecer Jesus, tenho certeza de que você tem a resposta. De minha parte, não creio que Jesus amasse menos o rico, mas acho que Jesus ficou desapontado. Entretanto, desconfio que a origem de seu desapontamento foi o fato de o homem não querer continuar o diálogo e ir embora. Se ficasse com Jesus, talvez ele dissesse: "Não consigo desistir de minha fortuna, mas gostaria de conseguir. Ajuda-me!". Isso teria perpetuado a conversa, e a amizade teria se fortalecido. Talvez você queira estender a contemplação do evangelho aos versículos seguintes, nos quais Jesus expressa seu espanto pelo fato de ser tão difícil aos que têm riquezas entrar no Reino de Deus.

Contemplação da paixão e morte de Jesus

É inevitável que a contemplação dos evangelhos com o desejo de conhecer melhor Jesus, amá-lo mais calorosamente e segui-lo mais de perto leve à crucificação. Quando caminhamos com Jesus para Jerusalém, nos vemos desejando compartilhar sua paixão e sua morte e talvez temendo isso. Estamos prontos para iniciar o que Inácio chama de Terceira Semana dos Exercícios Espirituais. Mais uma vez, pedimos a Jesus que se revele, mas desta vez buscamos a dura revelação de como foi para ele passar essa semana terrível confiando no Pai quando não tinha mais ninguém em quem confiar. Esta revelação é difícil porque é doloroso ver Jesus, que agora é um amigo íntimo, sofrer essa agonia, abandonado pelos amigos, traído por um deles, acusado pelos líderes de sua religião de levar o povo para o mau caminho e flagelado, escarnecido e pendurado nu em uma cruz romana para sofrer uma morte horrível.

Os que contemplam essas passagens encontram-se, muitas vezes, resistindo à revelação que desejam. Concentram-se em todos os outros personagens das passagens, em vez de se concentrar em Jesus. Ficam zangados com Deus pelo fato de este permitir esse horror. Entretanto, se continuarem pedindo a Jesus que se revele, eles serão atraídos para um amor mais profundo por ele e por uma empatia maior. Uma mulher que orientei, certa vez, chorou de alívio quando finalmente Jesus morreu. A contemplação de Jesus na cruz traz uma carga pesada. Contudo, assim como é consolador compartilhar a dor da doença e da morte de um amigo, é consolador compartilhar a dor, o sofrimento e a solidão de Jesus. É também angustiante, ao vermos todas as nossas ilusões a respeito de Deus serem destruídas. Jesus experimenta a impotência divina para preservá-lo desse horror. Nossa imagem muitas vezes inconsciente de Deus como aquele que salva os bons desse destino, que intervém para abater nossos inimigos, é frustrante. Entretanto, essa experiência é uma oportunidade de aprofundar nossa amizade com Deus. Se continuarmos no caminho de franqueza mútua, veremos a verdade desta observação feita por Rowan Williams, arcebispo de Canterbury:

> Precisamos [...] considerar a fraqueza e a impotência do Pai o corolário inevitável e necessário da impotência do Filho em um mundo de poder corrupto e escravizante [...] "Deus" desaparece[2] na cruz: Pai e Filho permanecem, na fraqueza compartilhada, consubstancial de sua compaixão.

Na última sentença, Williams põe a palavra "Deus" entre aspas porque o "Deus" que desaparece é o "Deus" ilusório daqueles que, como Caifás (e nós, se formos sinceros), acreditam em um Deus com poder coercivo e vingativo sobre os adversários ou pecadores.

Contemplação do Jesus ressuscitado

Enfrentar todo o impacto da morte humilhante e dolorosa de Jesus na cruz é a única forma de experimentar a verdadeira alegria da Ressurreição. Na última etapa dos Exercícios Espirituais, a Quarta Semana, a pessoa pede para compartilhar a alegria de Jesus ressuscitado dos mortos, mas a percepção dessa alegria compartilhada só surge depois que se partilha com Jesus uma parte do que ele experimentou na crucificação.

O Jesus ressuscitado diz aos dois discípulos na estrada de Emaús: "Não era preciso que Cristo sofresse essas coisas para entrar na glória?" (Lc 24,26). Entendo que isso não é um decreto eterno de Deus, mas uma

---

2 WILLIAMS, Rowan, *On Christian Theology*, Oxford, Blackwell, 2000, 121.

afirmação de que, para que fosse o messias que é agora, ele teria de passar por esse sofrimento. Ele ainda tem as chagas, mesmo na glória; o horror não se desfaz pela Ressurreição. Ao contrário, com a Ressurreição, descobrimos que sua crucificação e sua morte não são a última palavra. Eis um sinal magnífico do magnânimo amor divino: em Jesus, Deus recebeu o pior que nós, seres humanos, poderíamos arquitetar, e não nos retaliou nos aniquilando. Nem mesmo o pior que fizermos dissuadirá Deus do desejo de nos abraçar por amizade.

A alegria da Ressurreição vem do fato de Jesus estar vivo e bem, de Deus tê-lo ressuscitado dos mortos em carne e osso e de sua ressurreição ser a nossa. Quando recebe a graça de compartilhar a alegria de Jesus por intermédio da contemplação das passagens de sua ressurreição, você nunca se desespera, não importa o que aconteça em sua vida, porque tem a intuição de que Jesus ressuscitou e de que você está unido a ele e poderá compartilhar sua ressurreição.

Se chegou até aqui na amizade com Jesus, agora, você vai querer experimentar sua alegria, a alegria que ele quer que todos os seus amigos compartilhem. Exatamente como nas outras etapas de desenvolvimento na amizade com Jesus, conte-lhe seu desejo de compartilhar a alegria dele, de conhecê-lo agora na glória, a fim de amá-lo mais e ser parecido com ele. Então, contemple algumas ou todas as passagens evangélicas da Ressurreição e permita que elas toquem sua imaginação. Veja o que lhe acontece quando você se imagina entrando nessas narrativas de grande alegria depois da angustiante perda de "Deus" sofrida na cruz.

No terceiro livro da trilogia de J. R. R. Tolkien, *O Senhor dos Anéis*, há uma cena que expressa um pouco da alegria experimentada pelos discípulos quando Jesus ressuscitado lhes apareceu. O reino do Senhor das Trevas foi derrotado e, embora isso não fosse esperado, o mundo está salvo, ao menos por enquanto. Frodo, o Hobbit, ou Parvo e seu fiel servo e amigo, Sam, também estão salvos. Sam acorda, sente o aroma de perfumes deliciosos e vê Gandalf, o mago, que ele julgava morto. Então, Sam diz:

— Gandalf! Pensei que você tivesse morrido! Mas, depois, pensei que eu tivesse morrido. Tudo o que é triste vai se tornar falso? O que aconteceu ao mundo?

— Uma grande Sombra foi embora — Gandalf disse e depois riu, e o som parecia música ou água em uma terra ressequida; e, enquanto ouvia, Sam se lembrou de que não ouvira risadas, o som puro de hilaridade, por dias e dias incontáveis. A risada soou aos seus ouvidos como eco de todas as alegrias que já tivera. Mas ele próprio se debulhou em lágrimas. Então, como a doce chuva leva para baixo um vento de primavera e o sol brilha mais, suas lágrimas cessaram, sua risada brotou e, rindo, ele saltou da cama.

— Como me sinto? — exclamou. — Bem, não sei como me expressar. Sinto-me, sinto-me... — sacudiu os braços — sinto-me como primavera depois de inverno, e sol nas folhas, e como trombetas e harpas e todas as canções que já ouvi![3]

Enquanto contempla as passagens da aparição de Jesus aos discípulos, talvez você sinta alguma coisa semelhante ao que Sam sente depois da viagem desesperada e aparentemente infrutífera que ele e Frodo fizeram à Fenda da Destruição.

Como você se sente a respeito de seu relacionamento com Jesus? Conhece-o melhor e gosta mais dele? Ele o conhece melhor e gosta de estar com você? Fiquei profundamente comovido durante um retiro provincial quando Kenneth Hughes, SJ, um dos líderes do retiro, nos fez imaginar alguém se encontrando com Jesus depois da morte. A pessoa diz a Jesus: "Eu gostaria de, em vida, tê-lo conhecido melhor". Jesus responde: "Eu também gostaria de tê-lo conhecido melhor". Imaginar essa cena mudou minha vida.

Espero que, por intermédio dessas contemplações na vida, na morte e na ressurreição de Jesus vocês tenham vindo a conhecê-lo como amigo e tenham se comprometido a viver de acordo com o modo de Jesus de ser humano.

---

3 Tolkien, J. R. R., *The Lord of the Rings*, livro 3, *The Return of the King*, New York, Ballantine, 1965, 283. [Trad. bras.: *O Senhor dos Anéis*, parte III, *O Retorno do Rei*, tradução de Ronald Kyrmse, Rio de Janeiro, 2019].

5

O Espírito e a comunidade dos amigos de Deus

COMO SOU CONDICIONADO pelos *Exercícios Espirituais*, que pouco dizem sobre o Espírito explicitamente, a princípio, não incluí nada no livro sobre amizade com Deus Espírito. Nisso, já se vê, não sou diferente da maioria dos cristãos, para quem o Espírito é pessoa esquecida ou a que menos recebe sua atenção no Deus único. Foi quando eu estava quase terminando de escrever este livro que me dei conta em oração de que faltava alguma coisa e percebi que não havia incluído exercícios relacionados a experimentar a atividade do Espírito, a atividade contínua que atrai todos os seres humanos à amizade com Deus, uns com os outros e com todo o universo criado.

Nos evangelhos, lemos muitas vezes a respeito do Espírito. O anjo Gabriel assegura à perplexa Maria: "O Espírito Santo virá sobre ti e o poder do Altíssimo te envolverá em sua sombra. Por isso, aquele que vai nascer será santo e será chamado Filho de Deus" (Lc 1,35). Mateus também dá testemunho da mesma tradição: "Maria [...] ficou grávida por obra do Espírito Santo" (Mt 1,18); em sonho, um anjo assegura a José que "o que foi gerado nela vem do Espírito Santo" (Mt 1,20). Mateus, Marcos e Lucas, todos dizem que o Espírito conduziu ou levou Jesus ao deserto depois de seu batismo no Jordão. Lucas escreve: "Jesus, repleto do Espírito Santo, voltou do Jordão e foi levado pelo mesmo Espírito ao deserto" (Lc 4,1), onde foi tentado pelo diabo. Depois de descrever as tentações e as respostas de Jesus, Lucas diz: "Jesus voltou para a Galileia, pelo poder do Espírito" e começou seu ministério público (Lc 4,14-15). Evidentemente os evangelistas acreditavam que, em sua vida e seu ministério, Jesus tinha sido empoderado pelo Espírito divino. O evangelho joanino nos diz que Jesus prometeu que, depois de sua morte, o mesmo Espírito viria sobre os discípulos (Jo 14,15-17.25-27; 16,12-15). No evangelho lucano, Jesus ressuscitado, pouco antes da ascensão, diz aos discípulos: "E eu vos enviarei o que meu Pai prometeu. Quanto a vós, permanecei na cidade até que sejais revestidos com o poder do alto" (Lc 24,49). O compêndio que acompanha Lucas, os Atos dos Apóstolos, deixa claro que este "poder do alto" é o Espírito Santo. No evangelho joanino, a vinda do Espírito ocorre na noite da Páscoa, quando Jesus paira sobre esse grupo confuso e desesperado.

Sugiro que você dedique algum tempo à contemplação de algumas passagens desse derramamento do Espírito com o desejo de tomar consciência do mesmo derramamento sobre você e sobre todos nós. Como já mencionamos, o desejo divino de sua amizade inclui o desejo de amizade de todas as pessoas criadas e o desejo de que se tornem uma comunidade de amigos. Se desejamos ter uma amizade com Deus, precisamos também desenvolver nossa capacidade de abraçar um número cada vez maior de outros amigos de Deus — em outras palavras, temos de *ser* a Igreja.

A sala do andar superior

Comecemos nossa contemplação do Espírito com a cena na sala do andar superior no evangelho joanino (Jo 20,19-23). Permita-se perceber como era para os discípulos encolherem-se de medo na sala, talvez em desesperança. Como eles interagem uns com os outros? Imagine-se com eles antes e depois que Jesus entra na sala.

Talvez ajude-o saber que, ao fazer essa narrativa, João alude à primeira narrativa da criação no Gênesis. Lá nós lemos que "a terra, porém, estava informe e vazia, e as trevas cobriam o Abismo, mas o Espírito de Deus pairava por sobre as águas" (Gn 1,2). A palavra hebraica traduzida como "Espírito" também pode ser interpretada como "sopro" ou "vento".

Na sala do andar superior, nesse momento de trevas e desesperança dos discípulos, Jesus "soprou" sobre eles. João sugere que uma nova criação se inicia:

> Então Jesus lhes disse de novo: "A paz esteja convosco! Como o Pai me enviou, assim também eu vos envio". Depois destas palavras, soprou sobre eles e lhes disse: "Recebei o Espírito Santo" (Jo 20,21-22).

O que acontece aos discípulos e a você enquanto imagina essa cena?

Certa vez, eu e um colega fomos convidados a orientar o encontro de uma comunidade de homens religiosos que precisavam tomar algumas decisões com a ajuda do Espírito Santo. Na sessão de abertura, propusemos que eles meditassem algum tempo sobre suas esperanças e seus sonhos para a comunidade e em seguida se reunissem em pequenos grupos para conversar sobre o que acontecera quando rezaram. Quando ouvimos os diversos grupos, ficou claro que esses homens estavam zangados e que desconfiavam uns dos outros, por isso não confiavam nesse processo de tomada de decisão. Meu colega e eu ficamos atordoados com a quantidade de raiva e desconfiança no grupo. Não tivemos tempo de discutir um com o outro sobre como proceder. Do nada, assim pareceu, pensei na passagem da sala do andar superior antes de Jesus entrar. Entendi como inspiração do Espírito e disse mais ou menos isto:

> Acabei de pensar na cena da sala do andar superior no evangelho joanino. Imagino como esses homens e mulheres se sentiam, em especial os homens que negaram e abandonaram Jesus. Todos eles devem ter tido a sensação de desesperança. Aquele que eles acreditavam ser o Messias havia sofrido morte cruel. Que desapontamento! Sem dúvida, a raiva estava presente e eles não sabiam o que fazer com ela. Talvez começassem a fazer acusações: "Ao menos eu não neguei que o conhecia"; "Eu fui com as mulheres ao lugar da cruz; onde estavam os outros?". De qualquer forma, vocês perce-

bem que talvez eles tenham sentido algumas das emoções que vocês sentiram e expressaram esta noite. Se tiverem algum tempo antes da reunião de amanhã de manhã, contemplem essa passagem tendo em mente sua experiência desta noite. Peçam a Jesus que esteja no meio de vocês como ele esteve no meio dos primeiros discípulos. Amanhã de manhã, contaremos uns aos outros o que aconteceu.

No dia seguinte, a maioria da comunidade voltou, mas a atmosfera havia mudado. Quando falavam, já não procuravam culpar os outros pelo estado das coisas na comunidade. Todos assumiram a responsabilidade pessoal por algumas das dificuldades e assumiram a esperança de, com a presença do Espírito, poderem trabalhar juntos para resolver seus problemas e tomar algumas decisões necessárias na comunidade. A contemplação de Jesus soprando o Espírito neles efetuou algum tipo de transformação no grupo. Eles se moveram para ser uma comunidade de irmãos no Senhor. Talvez essa narrativa o faça lembrar-se de uma situação em sua vida que torna essa contemplação pessoal. Em sua igreja ou sua comunidade, você já experimentou Jesus soprando o Espírito sobre você?

Pentecostes

Em seguida, talvez você deseje contemplar a cena de Pentecostes descrita no capítulo 2 dos Atos. Observe o que o poder do Espírito faz a esse bando heterogêneo de discípulos que estavam tão temerosos e talvez desconfiados uns dos outros. Há algo novo no ar. Eles agora proclamam, tão publicamente quanto possível, que um homem crucificado é o messias há muito aguardado que oferece perdão até aos que o crucificaram. O fato de serem entendidos por pessoas de muitas línguas diferentes indica que, com a morte e a ressurreição de Jesus e a vinda do Espírito, a falta de comunicação assinalada no Gênesis pela torre de Babel foi superada. Nesse dia, em Jerusalém, o povo começou a perceber o que já estava implícito no ministério de Jesus: que a nova criação é, em princípio, uma família humana que inclui todos, que não conhece limites de raça, língua ou cultura.

Veja o que acontece em você quando permite que essa cena prenda sua imaginação. Se quiser, contemple a imagem da nova comunidade descrita em Atos 4,32-37. Pode ser uma imagem idealizada, mas ela diz alguma coisa sobre o que o Espírito produziu e também sobre aquilo que Deus quer da comunidade animada pelo Espírito.

O Espírito e os gentios

Outra contemplação que você pode tentar fazer é a do capítulo 10 dos Atos, a narrativa da conversão de Pedro a um entendimento maior da comunidade que Deus quer. Um pagão, Cornélio, tem uma visão que lhe diz para entrar em contato com Pedro e lhe pedir para ir de Jope a Cesareia. Nesse ínterim, Pedro também tem um sonho que lhe diz para não considerar profana a comida que Deus purificou. Enquanto Pedro medita sobre esse sonho, chegam os enviados de Cornélio. Então, "o Espírito lhe disse: 'Dois homens estão a tua procura. Levanta-te, desce e acompanha-os sem duvidar, pois fui eu que os enviei'" (At 10,19-20). Pedro vai à casa de Cornélio, e lá acontece uma coisa extraordinária.

> Pedro ainda falava, quando o Espírito Santo desceu sobre todos os que escutavam seu discurso. Os fiéis de origem judaica, que tinham saído de Jope com Pedro, ficaram admirados por verem que o dom do Espírito Santo tinha sido derramado também sobre os não judeus. De fato, eles os ouviam falar em diversas línguas e glorificar a Deus. Então, Pedro disse: "Quem poderá recusar a água do batismo a esses, que receberam o Espírito Santo da mesma maneira que nós?". E decidiu que fossem batizados em nome de Jesus Cristo. Depois de tudo isso, lhe pediram que ficasse com eles mais alguns dias (At 10,44-48).

Enquanto contempla essa passagem, como ela o influencia? Você sente o desejo de dizer: "Sim, é assim que deve ser, um mundo onde se derrubam as barreiras de raça, cultura e religião"? Aqui ocorre uma significativa mudança na comunidade nascente dos seguidores de Jesus, por

Para experimentar o desejo divino de amizade

meio do derramamento do Espírito Santo. Os pagãos são batizados sem ter de ser circuncidados antes. Aos poucos, a nova comunidade de todos, desejada por Deus, nasce pelo dom do Espírito.

Enquanto meditava sobre essa passagem antes de escrever esta parte, lembrei-me do prefácio à segunda oração eucarística para missas de reconciliação, utilizado na Igreja Católica Romana. Convido-o a fazer esta oração comigo e a refletir sobre seu significado.

> Pai todo-poderoso e eterno, nós vos louvamos e agradecemos por Jesus Cristo, nosso Senhor, vossa presença e ação no mundo.
>
> Em meio a conflito e divisão, sabemos que vós sois quem volta nossos pensamentos para a paz. Vosso Espírito muda nossos corações: inimigos começam a se falar, os que estavam afastados dão-se as mãos em amizade e nações buscam juntas o caminho da paz.
>
> Vosso Espírito opera quando o entendimento põe um fim à discórdia, quando o ódio é contido pela misericórdia e a vingança dá lugar ao perdão.
>
> Por isso não devemos nunca cessar de vos agradecer e vos louvar.

Essa oração fala da ação do Espírito no mundo. Talvez você pense em alguns exemplos dessa ação em sua família, em seu trabalho, no mundo. Você pode, por exemplo, lembrar-se de uma ocasião quando — aparentemente por milagre — uma contenda familiar de longa data foi resolvida, ou dois amigos que não se falavam apertaram-se as mãos. O Espírito Santo opera para causar o que Deus quer — um mundo onde os seres humanos sejam amigos de Deus, amigos uns dos outros e amigos do universo que nos sustenta.

A obra do Espírito na comunidade humana

Um exemplo pessoal da obra do Espírito pode ajudá-lo a se lembrar das próprias histórias. Há alguns anos, eu estava no conselho de administração da Nativity Prep, escola de ensino médio para meninos pobres, patrocinada pelos jesuítas da Nova Inglaterra na área degradada de Boston. Os meninos eram afro-americanos, hispano-americanos, ásio-americanos e anglo-americanos. Em consequência da realidade da área degradada, eles deviam ser "inimigos" — membros, talvez, de gangues rivais. Mas todo ano, na formatura, menino após menino falava de como amava seus pares. Um ano, na última hora, pediram-me para dizer alguma coisa no fim da cerimônia. Com lágrimas nos olhos, eu disse que o que lhes ocorrera durante os três anos naquela escola era um exemplo do que Deus quer para todos os seres humanos — a saber, que todos sejamos amigos. Em seguida, eu lhes disse que, no futuro, as coisas poderiam não ser promissoras, mas eles deveriam se lembrar de que uma coisa extraordinária aconteceu ali e que, se aconteceu ali, podia acontecer em qualquer lugar, pela graça de Deus.

O que o Espírito fez naquela escola o Espírito faz em muitos lugares. Quando vemos essa comunidade acontecer, somos tocados profundamente, porque é o que Deus quer para todos nós, e no fundo do coração sabemos disso e o queremos também.

Na comunidade ideal prevista por Deus cada pessoa cuida de todas as outras de modo que ninguém tenha de se preocupar consigo mesmo. Ainda não existe nenhuma comunidade assim. Além disso, movimentos para uma comunidade desse tipo sempre fracassam depois de uma euforia inicial, e esse fracasso reforça o sentimento de que tal comunidade é um sonho impossível. Entretanto, o Espírito quer nos mover nessa direção, e em nossos melhores momentos queremos nos mover também. Reserve algum tempo para deixar esses movimentos o influenciarem.

Em momentos de dúvida sobre sua comunidade, sua igreja, seu país ou o mundo, que podem ocorrer com frequência nestes tempos difíceis, talvez o ajude contemplar uma passagem do livro do profeta Ezequiel, que escreveu para a comunidade israelita exilada na Babilônia:

> Veio sobre mim a mão de JAVÉ e levou-me, no espírito de JAVÉ, para fora, depositando-me no meio do vale, que estava cheio de ossadas. Depois me levou a girar por entre aqueles ossos, em todas as direções, e vi em quão grande quantidade es-

tes cobriam o vale e como estavam completamente ressequidos. Em seguida, me perguntou: "Filho do homem, será que estes ossos recobrarão vida?". Respondi: "Tu o sabes, Senhor JAVÉ". E ele disse: "Profere um vaticínio sobre estes ossos e dize-lhes: Ossos ressequidos, ouvi a palavra de JAVÉ! Assim fala o Senhor JAVÉ a esses ossos: Eis que vou fazer entrar em vós o espírito, e recebereis a vida. Cobrir-vos-ei de nervos, far-vos-ei criar carne, revestir-vos-ei de pele, introduzirei em vós um espírito e revivereis. Então, reconhecereis que eu sou JAVÉ".

Proferi o vaticínio conforme me foi ordenado. Ora, enquanto eu vaticinava, ouviu-se um ruído, depois houve um movimento e os ossos aproximaram-se um dos outros. Olhei e vi que havia nervos sobre eles; depois, criaram carne e se revestiram de pele. Mas não havia neles espírito. Disse-me então: "Dirige uma palavra profética ao espírito, filho do homem. Profetiza e dize assim ao espírito: 'Assim fala o Senhor JAVÉ: Vem dos quatro ventos, ó espírito, e sopra sobre estes mortos, para que recobrem a vida'". Quando proferi a palavra profética, conforme me foi ordenado, entrou neles o espírito e eles puseram-se de pé e formaram um grande, um imenso exército!

Então, disse-me: "Filho do homem, estes ossos são toda a nação de Israel. Eis que estão dizendo: 'Nossos ossos estão ressequidos, apagou-se nossa esperança e estamos aniquilados'. Por isso, profetiza dizendo-lhes: Assim fala o Senhor JAVÉ: Eis que abro vossos sepulcros e vos faço ressurgir de vossos túmulos, ó povo meu, para reconduzir-vos à terra de Israel. Reconhecereis que eu sou JAVÉ, quando eu abrir vossos túmulos e vos tirar de vossos sepulcros, povo meu! Porei em vós meu espírito e vivereis. Estabelecer-vos-ei em vosso território e então reconhecereis que eu sou JAVÉ. Assim falei e assim farei", oráculo do Senhor JAVÉ (Ez 37,1-14).

Espero que os exercícios deste capítulo lhe deem a chance de experimentar o derramamento do Espírito em si mesmo e nos que o rodeiam.

O sonho divino parece idealista em face das realidades de nosso mundo. O que experimentamos nestas contemplações é o Espírito Santo operando para concretizar a nova comunidade que Deus quer.

Contemplação para mais se apaixonar por Deus

Encerro esta parte do livro dedicada a exercícios direcionados a lhe dar a chance de experimentar o desejo divino por sua amizade com um exercício tirado dos *Exercícios Espirituais* chamado "Contemplação para alcançar o amor". Nesta última contemplação, Inácio faz duas observações preliminares que apoiam a proposição que faço neste livro todo:

> É preciso ter presente duas coisas: a primeira, o amor consiste mais em obras do que em palavras.
>
> A segunda, o amor é comunicação de ambas as partes. Isto é, dá e comunica o que tem ou pode a quem ama. Por sua vez, quem é amado dá e comunica ao que ama. De modo que, se um tem ciência, ou honras ou riquezas, dá ao que não as tem. E assim mutuamente (*EE* 230-231).

Aqui Inácio usa a analogia da amizade humana para falar do relacionamento com Deus. É extraordinário pensar que Deus quer nossos dons tanto quanto queremos os dons divinos. Deus nos criou para a mutualidade. "E assim mutuamente", Inácio escreve.

Inácio, então, propõe alguns pontos para reflexão de modo a experimentarmos a prolífica generosidade divina e percebermos que Deus quer, mas não exige, nossa generosidade, como sinal de amizade. Nos pontos que propõe, Inácio espera que "contemplemos" — isto é, vejamos, toquemos e sintamos o que Deus faz na criação contínua. O propósito desta contemplação é tirar de nós um amor correspondente por Deus, o desejo de dar a Deus tudo o que somos, exatamente como Deus nos deu tudo o que Deus é. No que se segue, sugiro-lhe que peça ao Espírito divino que o ajude a sentir o gosto da presença divina em toda a criação.

No primeiro dos quatro pontos, somos incentivados a recordar todos os benefícios que recebemos, ponderando com muito afeto quanto Deus nosso Senhor tem feito por mim, quanto me tem dado daquilo que tem. Em consequência, como o mesmo Senhor quer dar-se a mim quanto pode, segundo sua divina determinação (*EE* 234).

Outras traduções da última frase fazem uma declaração comovente: "É o desejo do Senhor até onde ele pode dar-se a mim". Deus quer me dar o quanto for possível de si mesmo. É uma declaração incrível. Em resposta, sou incentivado a oferecer a Deus tudo de mim: minha liberdade, minha memória, minha inteligência, meu entendimento, toda a minha vontade — "tudo o que tenho e possuo". A mutualidade move-se em direção à plenitude. Só nos aproximamos desse ideal, já se vê, por um caminho tortuoso que inclui muita resistência. Desenvolver uma amizade íntima com Deus é proposição para a vida toda. Uma única experiência profunda desta "contemplação para alcançar o amor" não garante que permaneceremos em estreita união com Deus. Deus é infinitamente paciente com nossa falta de jeito e resistência ao dom da amizade; precisamos imitar Deus na paciência.

Nos outros pontos, Inácio nos faz considerar como Deus habita em tudo, como Deus trabalha por nós em toda a criação e como todos os bens e dons vêm de Deus. Se chegar a experimentar o mundo dessa forma, então, você será um contemplativo em ação — isto é, alguém que encontra Deus em todas as coisas. Entende-se esse conceito inaciano como análogo ao tipo de amizade que se desenvolve por longo tempo entre duas pessoas. Elas estão atentas uma à outra mesmo quando estão separadas ou não se comunicam diretamente uma com a outra. Embora não conversem, em algum nível profundo, estão em contato uma com a outra. O contemplativo em ação inaciano tem esse relacionamento com Deus. Comprometendo-nos intimamente com Deus através do tempo, permitimos que o Espírito nos transforme em pessoas muito mais parecidas com as imagens de Deus que fomos criados para ser — isto é, mais parecidas com Jesus, que era claramente um contemplativo em ação.

O objetivo destes exercícios é ajudá-lo a desenvolver uma amizade íntima com o Deus trino. Você pode voltar aos exercícios durante a vida toda, na medida em que eles continuarem a ser proveitosos. Naturalmente, Deus e você acharão muitos outros meios de crescer na amizade e cooperar mais plenamente no divino projeto criativo. Se continuar a crescer nessa amizade, descobrirá como Deus é inventivo e como você também é inventivo. A amizade com Deus é, na verdade, uma amizade inigualável, pois Deus é o Mistério propriamente dito. Voltamo-nos agora para questões sobre oração e reflexão que surgem quando levamos a sério a ideia de que Deus quer nossa amizade.

PARTE II

Para nos entender e entender Deus

6
Como Deus pode querer minha amizade?

Alguns de vocês talvez estejam se perguntando se o que leram e experimentaram até aqui neste livro não seria bom demais para ser verdade. Talvez estejam pensando: *Como Deus pode ter tempo para alguém como eu? Afinal de contas, não sou ninguém, exceto talvez para minha família e meus amigos. É uma temeridade pensar que Deus me quer como amigo. Fracassei miseravelmente ao tentar viver de acordo com o que Deus espera de mim. Não sou digno da amizade divina.*

Se esses pensamentos lhe ocorreram, continue a ler este capítulo. Caso contrário, pode passar para o próximo capítulo, onde examino outra objeção às ideias analisadas na primeira parte.

Nossa insignificância e o desejo divino

Uma fonte persistente de resistência ao desejo divino de amizade é a ideia de que sou insignificante demais para Deus se preocupar comigo — exceto, já se vê, quando não vivo de acordo com as expectativas divinas. Então, sou objeto da ira divina. Mesmo se eu me convencer de que Deus realmente se importa com algumas pessoas, acho muito mais difícil crer que Deus se importa comigo. Como resultado, guardo distância de Deus e considero-me justificado, talvez até virtuoso, ao manter essa distância.

O Salmo 8 é bastante incisivo ao expressar essa objeção:

> Ao ver o céu, que é obra dos teus dedos,
> e a lua e as estrelas que plasmaste,
> que somos nós? E do homem tu te lembras
> e com o filho do homem te preocupas (Sl 8,4-5).

O salmista fala para o povo de seu tempo e para todos nós. Nós, que temos um conhecimento moderno da vastidão do universo no espaço e no tempo, afirmamos essas palavras com mais confiança ainda. Entretanto o salmista não para com as objeções. Ele continua e fala sobre o que Deus quer:

> Pouco menos que os anjos o fizeste,
> de glória e de esplendor o coroaste,
> das tuas obras deste-lhe o governo.
> Tu puseste a seus pés todas as coisas:
> as ovelhas, os bois, todo animal,
> e pássaros do céu, peixes do mar,
> os que fazem das águas seu caminho.
>
> Grande por toda a terra é o teu nome,
> ó SENHOR, nosso Deus! (Sl 8,6-10).

Sabendo como nós seres humanos somos insignificantes no vasto esquema da criação, o salmista expressa espanto pelo fato de Deus nos querer como colaboradores no empreendimento criativo. E, então, parece que ele se submete ao desejo divino. Considero a proclamação do salmista de que Deus dá aos seres humanos o governo "das tuas obras" uma referência à narrativa da criação no Gênesis, que já analisamos como convite à amizade com Deus. No final do salmo, o salmista louva a grandeza e a generosidade divinas.

A questão não é a nossa insignificância, que é bastante verdadeira, mas o que Deus deseja ao nos criar. O poeta Franz Wright, vencedor do prêmio Pulitzer, expressa isso muito bem nestes versos de "Preparativos":

> Enquanto há tempo,
>
> recordo teu constante perdão
> não-correspondido e exclusivo.
> E me lembro que não és
> e nunca foste o objeto
> de meu pensamento,
> minha oração,
> minhas palavras,
>
> > mas, pelo contrário,
> > *eu era o objeto dos teus!*
>
> E acho que finalmente começo a aprender
> o que todas as coisas tentam me ensinar
> recentemente
> de novo e
> nos últimos cinquenta anos de sempre:
> amor total por ti — o misterioso dom de minha vida —
> que sinto de verdade a todo instante
> e todo dia
> da mais profunda lembrança,
> compreensão cheia de graça, *iria*
> dissipar todo medo e também
> o amor que exige resposta —
> dos outros, de outros
> fantasmas (e
> até
> de ti!)

O maior obstáculo a um verdadeiro relacionamento com Deus é nossa crença de que, em última análise, o relacionamento depende de nós. Essa é a sabedoria a que Wright, sem dúvida, depois de muita autoanálise, chega no poema. Se Deus quer minha amizade, não importa o quanto eu me sinto insignificante.

Também percebo no poema uma referência à primeira carta de João, onde ele diz:

> Deus é amor: quem permanece no amor permanece em Deus e Deus nele. O amor que ele nos tem terá seu cumprimento no dia do Juízo, inspirando-nos confiança. Porque, assim como ele está em nós, também nós estamos neste mundo. No amor não há lugar para o temor: o perfeito amor expulsa o temor, pois o temor supõe o castigo, e o que teme não é perfeito no amor. E nós amemos a Deus, porque ele nos amou primeiro (1Jo 4,16-19).

João afirma que "o perfeito amor expulsa o temor". Talvez Wright se refira indiretamente a essa afirmação quando declara que finalmente começa a aprender que o amor total por Deus — "o misterioso dom de minha vida" — "*iria*/dissipar todo medo", até o medo de que o amor divino dependa de nossa resposta. O amor divino por nós não depende de nós nem do que fazemos. Deus nos ama primeiro e sem nenhum estímulo de nossa parte. O amor divino nos cria por nenhuma outra razão além do amor divino. Assim, a oferta divina de amizade não depende de nossa importância, mas unicamente do desejo que Deus tem de nós.

Nossa pecaminosidade e o desejo divino

Nossos sentimentos de desmerecimento pecaminoso também impedem nossa aceitação da oferta divina de amizade. No capítulo 3, nos empenhamos em exercícios que nos ajudaram a experimentar o perdão divino. Eu espero que o fruto desses exercícios tenha gerado a percepção de que o amor divino não muda quando não vivemos conforme as esperanças e os sonhos divinos para nós. Mas, embora experimentemos o perdão divino, talvez ainda nos apeguemos a nosso passado detestável e, por causa disso, tenhamos dúvidas a respeito de sermos chamados à amizade com Deus. Aqui, mais uma vez, consideramos o desejo divino dependente de nós.

Como Deus pode querer minha amizade?

Embora possamos acreditar que estamos apenas sendo humildes ao reconhecer a verdade óbvia de sermos indignos da amizade divina, na verdade, nosso egocentrismo se revela nessa crença. Com ela, nós nos fazemos árbitro daquilo que Deus quer. No evangelho de João, Jesus diz: "Pois Deus amou tanto o mundo que deu Seu Filho Único para que todo o que crer nele não morra, mas tenha a vida eterna" (Jo 3,16). Mais adiante no evangelho, Jesus define a vida eterna: "que te conheçam a ti, verdadeiro e único Deus, e a Jesus Cristo, teu enviado" (Jo 17,3). Como já mencionamos, aqui a palavra "conhecer" refere-se ao conhecimento do coração. Deus dá deliberadamente o Filho a um mundo pecaminoso — na verdade, a um mundo que mataria o Filho. Se o amor e o oferecimento divinos de amizade não terminaram com a crucificação de Jesus, então, jamais terminarão.

Na 32ª Congregação Geral da Companhia de Jesus em 1974-1975, os delegados perguntaram: "O que é ser jesuíta hoje?"[1]. A resposta foi: "É saber que se é pecador, mas assim mesmo chamado a ser companheiro de Jesus como Inácio era". Nessa breve sentença, os jesuítas expressaram uma verdade que se aplica a todos. Somos todos pecadores e somos todos chamados a ser amigos de Deus.

Eu o exorto a pedir a Deus que remova de seu coração os vestígios de medo que produzem sentimentos de insignificância e desmerecimento. Você não faz nenhum favor a Deus ao pensar de forma mesquinha e maldosa na pessoa que é a menina dos olhos divinos — você. Em *The Impact of God*, o carmelita Iain Matthew escreve de maneira muito comovente a respeito da espiritualidade de São João da Cruz, o místico carmelita espanhol quinhentista. A certa altura, Matthew menciona a insistência de João na fé em vez de nas provas para o desenvolvimento do relacionamento com Deus. Matthew continua:

> O perigo previsto não é tanto confiarmos na coisa errada, mas deixarmos totalmente de confiar; que, embora nunca

---

[1] *Documentos da 31ª e da 32ª Congregação Geral da Companhia de Jesus*. Trad. ing. John Padberg, St. Louis, Institute of Jesuit Sources, 1977, 401.

digamos com todas as palavras, deixemos de acreditar que somos um fator na vida divina[2].

Um fator na vida divina! É quanto Deus valoriza cada um de nós, de acordo com um dos grandes místicos e santos do cristianismo.

---

[2] MATTHEW, Iain. *The Impact of God. Soundings from St. John of the Cross*, London, Hodder & Stoughton, 1995, 33.

7
Esta não é uma espiritualidade egocêntrica?

No início da década de 1970, quando os jesuítas começaram a redescobrir o ministério da orientação espiritual e o método de dar os Exercícios Espirituais para os indivíduos, surgiu uma tensão entre os jesuítas envolvidos na ação social por um mundo justo e os dedicados à orientação espiritual. Para os ativistas sociais, o trabalho da orientação espiritual envolvia muita autocontemplação em um tempo em que as estruturas de nosso mundo incentivavam a injustiça social em grande escala. Por outro lado, para os que exerciam o ministério da orientação espiritual, a ação social que não se baseasse em um forte relacionamento pessoal com Deus arriscava-se a ser destrutiva.

A questão levantada pelos ativistas sociais talvez tenha lhe ocorrido enquanto você rezava e refletia sobre as ideias examinadas até aqui. Minha ênfase na amizade com Deus promove uma espiritualidade introspectiva, egocêntrica, que ignora os problemas maiores que nosso mundo enfrenta? Para tratar dessa objeção, quero introduzir em nossa discussão uma nova analogia. Examinamos a amizade humana como analogia da amizade com Deus à qual somos chamados. Agora, quero examinar o relacionamento entre filhos adultos e os pais, que, como vou demonstrar, é também amizade e pode nos dar dicas para vivermos neste mundo como amigos de Deus.

A imagem de Deus como pai ou mãe

Muitas vezes, aprendemos a considerar Deus como um pai ou uma mãe. Jesus, que chamava Deus de Abbá (pai), disse aos seguidores: "Portanto, rezai assim:/Pai nosso, que estás nos céus" (Mt 6,9), querendo nos dizer que temos um relacionamento similar com Deus. Muitas pessoas são inspiradas por essa imagem de Deus como pai ou mãe e, por meio do seu uso, chegam a um amor de Deus que era impossível quando Deus parecia mais ameaçador. Entretanto, em geral, quando falam de Deus como pai ou mãe, os pregadores e mestres invocam a imagem de um pai ou uma mãe com uma criança: "Deus nos segura como a mãe segura o bebê nos braços"; "Deus quer nos consolar e confortar como o pai afaga o filho"; "Deus acolhe os pecadores de volta como o pai ou a mãe acolhe o filho desobediente"; "Deus nos castiga do jeito que nossos pais o fazem pelo nosso bem". Às vezes, como se percebe, essas imagens são bastante apropriadas para um adulto. Mas como, aos 45 anos, um pai ou uma mãe de filhos pequenos, com um emprego em tempo integral, reage a essas imagens? Como você reage a elas?

Acredito que o relacionamento entre um filho adulto e seu pai ou sua mãe seja uma imagem melhor do relacionamento que Deus quer ter conosco como adultos. Vamos refletir por um momento sobre o relacionamento dos adultos com seus pais. À medida que entramos na idade adulta, nos parecemos cada vez mais com nossos pais. Naturalmente, eles são sempre nossos pais, sempre "mamãe" e "papai", e continuamos a sentir por eles uma espécie de reverência porque nos deram a vida e nos criaram. Mas já não esperamos ficar em seu colo, exceto em circunstâncias extremas. Nem esperamos que nos digam o que fazer de nossas vidas, embora, ao que parece, alguns pais nunca percam o desejo de dizer aos filhos o que fazer. Em vez disso, somos mais como iguais à medida que assumimos os mesmos papéis adultos que eles tiveram. Agora que sabemos o que a idade adulta requer, somos mais compreensivos com eles. Percebemos o que eles passaram para ganhar a vida e nos criar na infância e principalmente na adolescência. Descobrimos até que os tratamos como bons amigos, confiando neles sem esperar que carreguem o peso que sabemos que só nós temos de carregar.

Esta não é uma espiritualidade egocêntrica?

Creio que esse tipo de relacionamento entre um filho adulto e seus pais é mais parecido com o que Deus quer de nós à medida que entramos na idade adulta. Além disso, percebo que mais adultos acham a pregação e o ensino religioso intrigantes, desafiadores e até emocionantes quando aqueles de nós que se dedicam a esses ministérios começam a empregar essas imagens ao falar de nosso relacionamento com Deus. Como você reage a essa ideia?

O negócio de família divino

Agora que pudemos constatar que o relacionamento entre um filho adulto e seus pais é uma analogia adequada para o relacionamento que Deus quer conosco, vamos tratar da objeção a isso como sendo uma espiritualidade egocêntrica. A resposta está na colaboração no negócio de família ao qual somos chamados como amigos de Deus. O negócio de família divino é o discipulado. Não é um negócio que podemos dirigir sozinhos. Envolve a comunidade de todos os amigos divinos trabalhando juntos para criar um mundo mais justo e harmonioso.

Em nossos relacionamentos adultos com nossos pais, às vezes, somos chamados ou levados a trabalhar junto a eles. Talvez nossos pais tenham um negócio ao qual nos associamos quando adultos, ou podemos trabalhar na mesma profissão ou na mesma indústria e decidir colaborar em um projeto ou um empreendimento. No decorrer de nosso trabalho juntos em uma tarefa comum, crescemos em mutualidade, em camaradagem e em amizade.

No capítulo 2, vimos esse mesmo tipo de colaboração na segunda narrativa da criação no Gênesis. Deus e os seres humanos dedicam-se ao trabalho de cuidar juntos do jardim, nosso planeta. Cultivam juntos o jardim e, depois de um dia de trabalho, na hora da brisa da tarde, Deus vem encontrá-los para um bate-papo sobre como foi o dia. Essa imagem é a de uma amizade adulta entre Deus e os seres humanos que inclui o trabalho e o descanso compartilhados.

A narrativa da criação mostra que o negócio de família divino não está na igreja, mas no mundo. Não está reservado só para as pessoas religiosas, nem é obra de indivíduos que trabalham com independência. O negócio de família ao qual somos convidados como amigos adultos de Deus envolve uma comunidade que trabalha em conjunto. Como mencionamos no capítulo 2, somos todos colaboradores na obra divina da criação. O trabalho não se realiza sem a cooperação de cada um de nós.

Como você reage a essa meditação? Ela trata de sua objeção?

8

Qual é a parte da salvação na amizade com Deus?

No dia de Ano Novo de 2006, eu rezava com as leituras litúrgicas do dia, a primeira das quais era Números 6,22-27:

> O Senhor falou a Moisés dizendo:
> "Fala a Aarão e seus filhos e dize-lhes,
> eis com que termos abençoarei os filhos de Israel:
>
> 'O Senhor te abençoe e te guarde!
> O Senhor faça resplandecer sobre ti seu olhar
> e te conceda sua graça!
> O Senhor volte para ti seu olhar e te dê a paz!'
>
> Assim porão o meu Nome sobre os filhos de Israel,
> e eu os abençoarei!" (Nm 6,22-27[1]).

O texto evangélico para o dia era Lucas 2,16-21, que inclui a circuncisão e o ato de dar um nome a Jesus — nome que, em hebraico, significa "Deus salva". Uma das perguntas que logo me vieram à mente foi: como Deus salva por intermédio da oferta de amizade?

---

[1] *Tradução Ecumênica da Bíblia* (TEB). São Paulo, Loyola, ³2020, 202. (N. do E.)

Talvez você se pergunte o que a amizade com Deus tem a ver com nossa necessidade de salvação, tema central da religião judaico-cristã. Nesta meditação, vou demonstrar que somos salvos aceitando graciosamente a oferta divina de amizade.

Chamar pelo nome e a amizade

Convido-o a analisar com mais cuidado a bênção que Deus deu a Moisés no capítulo 6 de Números, como fiz naquele dia de Ano Novo. Deus usa três vezes o nome que deu a Moisés: é grafado YHWH na Bíblia hebraica e traduzido aqui como "SENHOR". É o nome que judeus piedosos não dizem em voz alta, mas que muitos cristãos cantam ou dizem com frequência — Javé.

Os israelitas evitavam expressar o nome de Deus por extenso porque naquela época chamar alguém pelo nome significava estar em termos íntimos com a pessoa chamada e, de certo modo, ter controle sobre essa pessoa. No Gênesis, Deus põe nomes em Adão e Eva, e eles, por sua vez, põem nomes nas outras criaturas. Os "mais fortes" põem nomes nos "mais fracos", por assim dizer. Contudo, Deus deixa Moisés conhecer o nome YHWH, pondo um ser humano no mesmo nível de Deus.

Pense um momento nessa questão de chamar alguém pelo nome. Em algumas culturas, tais como a alemã e a francesa, o emprego do primeiro nome da pessoa restringe-se a membros da família e a amigos íntimos. Até que receba permissão de usar o primeiro nome da pessoa, você usa um "o senhor" formal ao falar com ela. (Creio que essas distinções estejam desaparecendo, ao menos na Alemanha). Se quer demonstrar o desejo de amizade mais íntima com alguém, você lhe pede que o chame pelo primeiro nome, na esperança de que a pessoa retribua. Você assume um risco ao pedir, porque talvez a pessoa rejeite seu pedido.

Nos Estados Unidos, o emprego de apelidos não raro indica a procura de uma amizade mais íntima e de confiança mais profunda. Em geral, damos apelidos àqueles de quem gostamos, e um apelido quase sempre reflete um senso brincalhão de bom humor entre dois amigos. Quando você dá a alguém um apelido, assume o risco de que o outro se sinta ofendido.

Qual é a parte da salvação na amizade com Deus?

Na Bíblia, encontramos alguns casos dessa mudança de relacionamento entre seres humanos e Deus. No capítulo 2, mencionamos que Deus mudou o nome de Abrão e Sarai para Abraão e Sara, indicando o aprofundamento de sua amizade. Parece que Jesus usou apelidos para indicar uma amizade mais íntima com os outros. Por exemplo, ele muda o nome Simão para Cefas, em aramaico, ou Petra, em grego, que significa "Pedra". O estudioso neotestamentário Daniel Harrington, SJ, sugere que Pedro/Cefas pode não ser nome próprio, mas, sim, apelido, que talvez tivesse alguma ligação com as características pessoais de Pedro ("Vacilante")[2]. Também indica um amigável senso de humor da parte de Jesus, que vemos de novo quando Jesus chama os irmãos Tiago e João de "Filhos do Trovão". Zebedeu, pai de Tiago e João, reagiu de modo trovejante à falta repentina dos dois filhos no negócio de pesca da família?

Esses exemplos mostram que dar nomes às pessoas é um ato que está ligado à oferta de amizade e que envolve certa vulnerabilidade. Em primeiro lugar, a vulnerabilidade surge do fato de o outro poder recusar o nome e, assim, a oferta de amizade. Mas a vulnerabilidade não termina aí. De fato, aumenta em proporção direta com a intimidade da amizade. Quanto mais íntima for minha amizade com você, mais arrasado você ficará se eu o trair. Essa relação direta entre intimidade e vulnerabilidade explica como a traição dos relacionamentos mais íntimos, muitas vezes, leva à inimizade mais amargurada.

A vulnerabilidade divina e a nossa salvação

Naquele dia de Ano Novo, ler sobre a designação do nome de Jesus abriu-me uma nova perspectiva. Em Jesus, Deus salva ao tornar-se tão vulnerável que podemos matá-lo de um jeito vil e humilhante. A crucificação e a ressurreição de Jesus nos asseguram que a oferta divina de amizade nunca será retirada, não importa o que façamos. Se a cruz não resultou na exclusão dessa oferta, nada do que façamos levará Deus à mudança de sentimentos.

---

2 HARRINGTON, Daniel J., *The Gospel of Matthew*, Sacra Pagina, v. 1, Collegeville, MN, Liturgical Press, 1991, 247-248.

Podemos, entretanto, recusar essa oferta. A amizade é um relacionamento mútuo, e a pessoa tem de aceitar o oferecimento; a pessoa não pode ser coagida nem forçada a aceitá-la. E a recusa final de qualquer ser humano da oferta divina de amizade parte o coração divino. Ainda assim, Deus não vira as costas para a pessoa com raiva e fúria. Deus vive eternamente com o coração partido. É como Deus almeja ser vulnerável. Uma vez que Deus quer amizade com todos os seres humanos, então, nossa salvação consiste em aceitar essa oferta de amizade. Em outras palavras, desde o início da existência humana na Terra, o plano divino para o mundo envolve a aceitação humana da amizade divina. Voltamos as costas a essa amizade e nos perdemos. Precisávamos ser salvos de nossa loucura. A resposta divina foi renovar o oferecimento de amizade e enviar o Filho para compartilhar nossa sorte e nos mostrar o jeito de viver como amigos de Deus. Assim, a salvação do mundo acontece coração a coração, por assim dizer. Deus oferece amizade a cada ser humano não só como caminho para sua salvação, mas também como meio para a salvação do mundo. Desde o momento em que tomamos consciência de que somos seres humanos responsáveis, cada um de nós encara uma escolha: ser a pessoa que Deus nos cria para ser — amigo de Deus e, assim, parte da solução divina para nosso mundo — ou fazer parte do problema que precisa de correção ou conversão.

Nossa vulnerabilidade como resposta à vulnerabilidade divina

É óbvio que não podemos ter a amizade que Deus oferece separados dos outros seres humanos. Assim como a amizade humana envolve ser amigo dos amigos e da família de meu amigo, assim também ser amigo de Deus envolve aceitar os outros amigos divinos, ao menos em princípio. Note bem, os outros amigos divinos são potencialmente todas as pessoas no planeta. Desse modo, minha alegria, minha realização, minha salvação consiste em abrir-me para a amizade com Deus e com cada homem, mulher e criança já criado. Eu preciso, ao menos, estar aberto à conversa com Deus sobre ter um coração tão grande.

Fomos criados à imagem e à semelhança de Deus, e Deus mostrou que é da natureza divina ser vulnerável à amizade. Se é para representarmos a imagem de Deus, só podemos fazê-lo deixando que nos tornemos vulneráveis como Deus é vulnerável. Ao aceitar a oferta divina de amizade, somos atraídos para a vulnerabilidade na amizade com todos os amigos e os amigos em potencial de Deus. Essa atração é obra do Espírito Santo que habita em nossos corações.

O que o nome Yhwh revela a respeito de Deus

Talvez seja útil analisar o momento privilegiado da espontaneidade divina na Bíblia hebraica, a revelação a Moisés na sarça ardente. Deus havia acabado de expressar compaixão pelos israelitas sofredores e pedir a Moisés que fosse tirá-los do Egito.

> Moisés respondeu a Deus: "Eu vou, então, aos filhos de Israel, para dizer-lhes 'É o Deus de vossos pais que me envia a vós'. Mas, se eles me perguntarem 'Qual é o seu nome?', que é que vou responder-lhes?".
>
> Deus disse a Moisés: "Eu Sou Aquele Que Sou". E acrescentou: "Assim dirás aos filhos de Israel: [Aquele que se chama] 'Eu Sou' enviou-me a vós". E Deus disse ainda a Moisés: "Assim dirás aos filhos de Israel: 'Aquele-Que-É (Javé), o Deus de vossos pais, o Deus de Abraão, o Deus de Isaac e o Deus de Jacó, envia-me a vós'. Este é o meu Nome para sempre e assim serei lembrado de geração em geração" (Ex 3,13-15).

Muitos filósofos e teólogos ocidentais tendem a entender as palavras "Eu Sou Aquele Que Sou" em termos filosóficos. Interpretam o nome como se quisesse dizer que Deus é o ser supremo propriamente dito. Mas o nome é sabidamente difícil de traduzir. A *New Revised Standard Version* da Bíblia, que sempre traduz Yhwh por "Senhor", diz em nota de rodapé que pode significar "eu sou o que sou" ou "serei o que serei".

Em *A Theology of Compassion*, o teólogo inglês Oliver Davies menciona que a tradição rabínica tem outra interpretação dessa revelação. Nessa tradição, o nome revelado, Yhwh, fala da compaixão divina pelo mundo, compaixão que só seria completamente revelada com o tempo. A palavra hebraica para compaixão (*raham*) está associada à palavra para útero e pode ser traduzida como "amor original", compaixão que é sentida profundamente e leva quem a tem a arriscar-se pelo outro.

Davies cita o rabino Abba bar Mammel, que disse:

> Deus disse a Moisés: Sou chamado de acordo com meus atos. Às vezes, sou chamado Shadai, Seba'ot, Elohim e Javé. Quando julgo as criaturas, sou chamado Elohim; quando perdoo pecados, sou chamado Shadai, quando combato os maus, sou chamado Seba'ot, e quando demonstro compaixão por meu mundo, sou chamado Javé[3].

Davies acredita que devemos levar a sério esse entendimento da espontaneidade divina por amor ao mundo pelo qual Deus mostra compaixão. Deus, à imagem de quem fomos criados, assume riscos por amor ao mundo e nos convida a fazer o mesmo.

Os cristãos creem que Deus demonstra compaixão da maneira mais reveladora em Jesus de Nazaré. A compaixão divina pelo mundo leva Deus a assumir riscos na carne humana e ser morto por fazer isso. Na contemplação da Encarnação nos *Exercícios Espirituais*, Inácio de Loyola nos convida a imaginar a Santíssima Trindade olhando para o mundo e vendo "todas as pessoas que, vivendo em tanta cegueira, morrem e descem ao inferno" e então dizendo "Façamos a redenção do gênero humano..." (*EE* 106, 107). Apesar do que lemos sobre a ardente cólera divina contra o Israel pecaminoso em muitas passagens bíblicas, Deus, por compaixão de nós, arrisca-se a ser rejeitado e morto como um de nós.

Eis o Deus à imagem de quem fomos criados. Quando Jesus diz que devemos ser perfeitos como nosso pai celeste é perfeito (Mt 5,48), ele quer dizer que devemos ser compassivos.

Ser compassivo significa sentir tão profundamente pelos outros que estão em dificuldade ou sofrimento que nos pomos em risco para ajudá-

---

3   DAVIES, Oliver, *A Theology of Compassion. Metaphysics of Difference and the Renewal of Tradition*, Grand Rapids, MI, William B. Eerdmans, 2003, vii.

los. É assim que a compaixão divina opera. Vivemos neste mundo como imagens divinas na medida em que demonstramos compaixão pelos outros do modo como Deus demonstra compaixão. Como Deus é o criador de todos os seres humanos e, na verdade, de toda a criação, não podemos limitar nossa compaixão a nossa família, nossa tribo ou nação.

Iain Matthew escreve a respeito de um poema de João da Cruz que ele

> canta um Deus que é comunidade, Pai, Filho, em Espírito: água viva em troca infinita. E que Deus é comunidade com uma política de imigração *máxima* [...][4] O amor dele é um amor seguro o bastante para deixá-los ser vulneráveis. Assim, João da Cruz conhece uma água viva que simplesmente ama até transbordar e reunir tudo o mais em sua torrente.

Que imagem adorável: "uma política de imigração *máxima*". Ninguém está excluído dessa oferta vulnerável.

Outra objeção

Agora surge outra objeção: sou fraco e pecaminoso demais para seguir o caminho de Jesus. Esse tipo de seguimento é somente para os santos e heróis de nosso mundo, não para quem é como eu. Afinal de contas, Jesus era divino. Como posso imitá-lo?

Certa vez, ministrei para uns seminaristas de Nova Orleans algumas palestras sobre o Jesus humano. Na primeira palestra, concentrei-me na dificuldade que sentimos para acreditar seriamente que Jesus foi um ser humano real que teve de ser treinado para ir ao banheiro, aprender a falar, descobrir sua vocação e discernir a vontade de Deus exatamente como nós temos de fazer. Então, eu disse que só faremos justiça a nossa fé em sua humanidade se estivermos dispostos a reconhecer nele esse aprendizado humano. No início da segunda palestra, um seminarista teve a coragem de fazer a seguinte confissão diante dos colegas e professores: "En-

---

4 MATTHEW, Iain, *The Impact of God. Soundings from St. John of the Cross*, London, Hodder & Stoughton, 1995, 73-74.

tendo por que não acredito seriamente que Jesus era um ser humano igual a mim. Se eu acreditar, terei de imitá-lo".

Como podemos acreditar que Jesus é humano como nós, com a única exceção do pecado? Ele é humano o bastante para ser imitado por nós. Desde o princípio da criação, os seres humanos são chamados para ser imagens de Deus. De certa forma, Deus tinha de nos mostrar como fazer isso, tornando-se um de nós. Em Jesus, Deus nos demonstrou compaixão, e não temos desculpas para não imitar Jesus nisso. Podemos fazê-lo porque Deus nos cria para esse papel, nos dá o Espírito para mover nosso coração e nossa mente a essa compaixão e nos dá Jesus para nos mostrar o caminho: "Eu sou o Caminho, a Verdade e a Vida" (Jo 14,6).

No entanto, muitas vezes, quando nosso coração e nossa mente são movidos à compaixão, nós nos afastamos, porque não queremos assumir o risco. Entretanto, o futuro de nosso mundo depende de nossa boa vontade para viver como os seres humanos que Deus nos criou para ser. Ser humano significa deixar nosso coração ser tocado pela condição de nossos semelhantes e tomar medidas para o bem do outro.

Segundo Mateus 25, seremos julgados pela forma como demonstramos compaixão pelos necessitados:

> E lhe responderão os justos: "Senhor, quando foi que te vimos com fome e te demos de comer, ou com sede e te demos de beber? Estrangeiro e te recolhemos? Nu e te vestimos? Doente ou na prisão e fomos te visitar?". O rei responderá: "Eu vos declaro esta verdade: cada vez que fizestes isso a um dos menores desses meus irmãos, a mim o fizestes" (Mt 25,37-40).

É óbvio que Jesus acredita ser possível demonstrarmos compaixão, tanto que somos culpáveis se não o fizermos. O futuro de nosso planeta depende de nós — de como vivemos à imagem e à semelhança de Deus.

Maria, a mãe de Jesus, como modelo

Em um poema marcante, *Annunciation*, Denise Levertov descreve a coragem mariana como o tipo de coragem que Deus espera encontrar em to-

Qual é a parte da salvação na amizade com Deus?

dos nós. No entanto, talvez acidentalmente, ela também descreve a vulnerabilidade divina. Convido-o a deixar esse poema repercutir em você.

> Conhecemos a cena: a sala, com vários móveis,
> quase sempre uma estante, um livro; sempre
> o lírio alto.
> Chegando com solene esplendor de grandes asas,
> o embaixador angélico, de pé ou adejando no espaço,
> que ela reconhece, uma visita.
>
> Mas nos falam de humilde obediência. Ninguém
>   menciona
> coragem,
>   O Espírito criador
> não entrou nela sem consentimento.
>   Deus esperou.
>
> Ela era livre
> para aceitar ou recusar, escolha
> essencial para a compaixão.
>
> ---
>
> Não existem anunciações
> de um tipo ou de outro
> na maioria das vidas?
>   Alguns, com relutância,
> assumem grandes destinos,
> e os desempenham com orgulho taciturno,
> incompreensivo.
>   Quase sempre
> esses momentos,
>   quando caminhos de luz e tempestade
>   surgem da escuridão no homem ou na mulher,
> são rejeitados
> com medo, em uma onda de fraqueza, em desespero
> e com alívio.

Vidas comuns continuam.
Deus não as castiga.
Mas as portas se fecham, o caminho desaparece.
_____

Ela foi uma criança que brincava, comia, dormia
como qualquer outra criança — mas diferente das outras,
só chorava de compaixão, ria
de alegria, não em triunfo.
Compaixão e inteligência
uniam-se nela, indivisíveis.

Chamada a um destino mais significativo
que qualquer um em todos os tempos
ela não se amedrontou,
         apenas fez uma pergunta
simples: "Como se fará isso?".
E, com seriedade e delicadeza,
acreditou na resposta do anjo,
e entendeu imediatamente
o espantoso ministério que lhe era oferecido:

trazer no seio
peso e leveza infinitos; carregar
em intimidade oculta, finita,
nove meses de Eternidade; conter
em um pequeno vaso de existência,
a síntese do poder —
em carne reduzida,
a síntese da luz.
     Então dar à luz,
trazer para a atmosfera uma criança-Homem
que como qualquer outra precisava
de leite e amor —

mas que era Deus.

Qual é a parte da salvação na amizade com Deus?

Como fez com Maria, Deus espera que cada um de nós responda à sua oferta de amizade. Nessa espera, Deus é vulnerável. Se Maria tivesse recusado o convite, o Messias não teria sido Jesus de Nazaré. A realidade histórica de nossa redenção precisava da aceitação de Maria. Embora no plano de Deus tenhamos um destino diferente do de Maria, Deus nos estende o mesmo oferecimento de amizade, e a realidade histórica do futuro do mundo depende, de certa forma, de nossa resposta à vulnerabilidade divina.

9

A amizade leva à compaixão por Deus?

SENTIMOS COMPAIXÃO POR nossos amigos e somos levados a assumir riscos para ajudá-los. Mas você já sentiu compaixão por Deus? Talvez a razão de não a sentirmos esteja ligada ao fato de não percebermos a mutualidade de nossa amizade com Deus.

Nos últimos anos, tenho iniciado todo período de oração pedindo para ter consciência da presença divina. Muitas vezes, já percebi, fico completamente distraído, mas, quando a graça opera, tomo consciência de Deus, que cria e ampara o mundo todo e, ao mesmo tempo, cuida de mim. Às vezes, também percebo que Deus está presente da mesma forma para as vítimas de furacões e terremotos, para refugiados forçados a sair de seus lares por causa da guerra e do terror e para pessoas que choram perdas quase insuportáveis. Fico profundamente comovido e pleno de compaixão por essas muitas pessoas sofredoras. Eu me pergunto: "Se sinto compaixão por essas pessoas ao ler sobre sua situação ou vê-la na televisão, quais devem ser as reações divinas?".

Afinal de contas, Deus não lê nem ouve falar do sofrimento de seu povo, mas está ali mesmo, com ele, amparando-o com todo o universo. Creio que minhas melhores reações sejam apenas pálidos reflexos das reações divinas. Na verdade, talvez Deus esteja me chamando para que tenhamos uma amizade adulta em que haja mutualidade de compaixão. Vamos refletir juntos sobre essa possibilidade.

O que Deus presencia e ampara

Deus cria e ampara tudo o que existe, inclusive os doentes e os maus que causam danos incalculáveis aos seres humanos, seus semelhantes. Alguns dias depois do Natal, os cristãos celebram a Festa dos Santos Inocentes. Você se lembra da narrativa no Evangelho de Mateus? Herodes Magno, em um ataque de raiva e desespero, ordena a matança de todos os bebês do sexo masculino de dois anos para baixo nascidos nos arredores de Belém. Ele queria assegurar a morte do "rei dos judeus" que os magos procuravam. Naturalmente, não sabemos com certeza se essa narrativa reflete precisamente um fato histórico, embora combine com o que se conhece do caráter de Herodes. Parece que ele não relutou em matar os próprios filhos quando achou que poderiam ser uma ameaça ao seu poder. Assim, é possível que ele cometesse esse ato horrível se ouvisse dizer que um novo rei havia nascido em Belém. Coisas como essa ainda acontecem o tempo todo em nosso mundo. Crianças inocentes são mutiladas e mortas; às vezes, por razões políticas.

Há um ano, quando eu contemplava essa cena do assassinato dos Santos Inocentes, eu achava que Deus parecia sofrer a consequência involuntária do nascimento de Jesus: a matança dos bebês inocentes. Eu imaginava Deus chorando como Raquel "por causa dos seus filhos" (Mt 2,18).

Talvez você entenda o que quero dizer com sentir compaixão por Deus lendo a experiência dolorosa de Rebecca Ann Parker contada em *Proverbs of Ashes*. Ela foi estuprada aos 4 anos de idade por um vizinho, Frank. Como resultado, teve de se submeter a muitos anos de terapia e viveu muitos relacionamentos difíceis com homens. A certa altura, a terapeuta disse-lhe que elas teriam de descobrir um jeito de "voltar àquele quarto na casa de Frank para que a criança deixada como morta não ficasse sozinha na casa de Frank". Rebecca Parker ficou aterrorizada com essa ideia e não queria fazer isso, mas finalmente concluiu que precisava: "Enquanto parte de mim fosse deixada ali, na casa de Frank, eu não ficaria curada. Eu me conformaria em abandonar eternamente um pedaço de mim para o ofensor". Durante uma sessão com a terapeuta, ela conseguiu voltar àquele local de horror. Mais tarde, ela escreveu sobre a experiência em um e-mail para sua coautora:

> Consegui me lembrar de um momento durante meu estupro na infância em que tive certeza de que ia morrer — e talvez eu estivesse, de fato, prestes a ser morta.
>
> Eu estava sendo estuprada oralmente. Não conseguia respirar. Eu era apenas uma criancinha! Tinha quatro anos. E o peso do homem em cima de mim era esmagador. Naquele momento, eu sabia que havia uma Presença comigo que era "mais forte" que o estuprador e podia cercar meu terror. A Presença tinha uma qualidade de infinita compaixão por mim e uma inquebrantável conexão comigo, um abraço que me cingia toda e, na verdade, também o homem que me estuprava. Compreendi que, se morresse, eu de algum modo ainda estaria com essa Presença, essa Presença me "assumiria", essa Presença era "maior que" a morte e "maior que" o poder do homem que estava me estuprando.
>
> Essa Presença não podia impedir o homem de me matar, se ele assim decidisse. E, ao mesmo tempo, *podia* impedi-lo. Porque, eu sabia, se ele notasse [a Presença], ele *seria* impedido. Ele não poderia continuar. Não seria possível. Estava claro para mim. Não *seria possível* ter consciência dessa Presença e fazer o que ele estava fazendo comigo. Ele só poderia fazer isso se não notasse, se não soubesse. Assim, essa Presença tinha *realmente* o poder de me salvar da morte, e de algum modo eu acredito que ela me salvou. O homem realmente parou de tentar me matar, e acho que foi porque em alguma parte dele, no fim, ele não conseguiu negar que sabia que estava estuprando Deus. Não porque eu fosse Deus, obviamente, mas porque a Presença[1] estava ali, e ao me estuprar ele ia contra a Presença.

---

1 BROCK, R. N.; PARKER, R. A., *Proverbs of Ashes. Violence, Redemptive Suffering, and the Search for What Saves Us*, Boston, Beacon Press, 2001, 209-212.

Quando percebo a presença divina nesses momentos de horrores, muitas vezes, desfaço-me em lágrimas. É doloroso pensar no Deus Único amoroso, compassivo, amparando Frank durante tal ato. Você sente alguma coisa parecida com compaixão por Deus quando imagina essa cena? Como deve ser para Deus estar presente em tais acontecimentos? Se nós somos movidos à compaixão, muito mais deve ser movido Deus, que não só ouve o que aconteceu como também está presente e ampara os perpetradores desses horrores!

Santa Teresa de Jesus, a reformadora e mística carmelita espanhola do século XVI, descreveu Deus como um imenso e formoso castelo onde mora tudo o que existe. Ela escreveu: "A maior maldade do mundo é ver que Deus, nosso Criador, sofre tantos agravos de suas criaturas dentro de Si mesmo"[2]. Suas reflexões nos dão alguma coisa para meditar quando lemos o jornal e assistimos ao noticiário na televisão. Talvez, se refletirmos sobre a confortante presença divina em todos os horrores de nosso mundo, sejamos solidários, até compassivos com Deus e, assim, poderemos ser mais como um amigo adulto dele.

A mutualidade da compaixão

Certa vez, a capelã da unidade de tratamento intensivo de um grande hospital contou-me o que experimentou em um período de 24 horas. Nesse dia, entre muitos incidentes, chamaram-na para consolar uma mãe de gêmeos natimortos, atender essa mãe, cujo bebê recém-nascido estava morrendo em consequência do uso de drogas por parte da mãe, e abençoar o outro bebê que sofrera morte cerebral por causa de uma sacudida severa, provavelmente pela própria mãe. Enquanto se preparava para esse último encontro, ela suplicou a graça de fazer o que Deus queria e que a raiva que sentia da própria mãe não a atrapalhasse. Quando a capelã chegou ao quarto, essa mãe rompeu em lágrimas em seus braços, e tudo o que a capelã pôde fazer foi abraçá-la com compaixão.

Depois desse dia de cortar o coração, a capelã buscou consolo em Deus. Ela queria que Deus a abraçasse e a acariciasse como uma mãe

---

2 Teresa de Jesus, *Obras Completas*, *Castelo Interior*, São Paulo, Loyola, 2021, 401.

A amizade leva à compaixão por Deus?

abraça o filho que sofre. Como não conseguiu esse consolo, ela se zangou com Deus.

Enquanto eu a ouvia, tomei consciência de que Deus estava presente quando a mãe sacudiu o bebê. Deus também estava presente nas outras situações terríveis que levaram ao dia dessa capelã e também em inúmeras outras situações em todo o mundo. Depois de conversar por algum tempo com a capelã sobre suas relações e sua frustração, perguntei em voz alta se ela se sentia chamada a dar um novo passo em seu relacionamento com Deus, para que houvesse uma mutualidade de compaixão. Ela, então, lembrou-se de ter ouvido Deus dizer recentemente: "Temos de aprender a confiar mais um no outro". Talvez, na verdade, Deus houvesse pedido mutualidade na compaixão. As semanas seguintes confirmaram essa ideia enquanto ela continuou a rezar.

Passei a acreditar que a amizade com Deus nos leva a ter compaixão por Deus. Eu me perguntei, é claro, se estava sendo irreverente ou presunçoso, e pedi a Deus que me deixasse perceber se eu estivesse na pista errada. Até agora, não experimentei nenhuma resposta que me levasse a mudar de ideia. Na verdade, percebo que Deus gosta que eu compartilhe o meu peso. Além disso, descobri que minha capacidade de escutar, com compaixão, narrativas de horror aumentou. Não é fácil escutar tais histórias, mas vejo-me consolado e grato por ser mais capaz de fazê-lo. Imagino que Deus espera ter cada vez mais amigos adultos dispostos a compartilhar a dor divina e, assim, ampliar a capacidade de ouvir os outros de modo compassivo.

No capítulo 5, apresentei alguns exercícios que podem ajudar a levá-lo à compaixão por Jesus quando ele morreu na cruz. Se você conseguiu dedicar-se àqueles exercícios, já experimentou a compaixão pelo Filho de Deus. Você pode agora também sentir compaixão pelo Deus que teve de amparar o mundo enquanto esse horror se desenrolava.

10
Isto é jeito de tratar os amigos?

CERTA VEZ, SANTA Teresa de Jesus caiu de uma carruagem e foi parar na lama. Consta que ela disse a Deus: "Se é assim que tratas os amigos, não admira que tenhas tão poucos". Se for verdade, a história mostra que Teresa tinha um relacionamento íntimo com Deus. Ela se dirigia a Deus com facilidade e irritação, quer com senso de humor, quer com o tipo de petulância e egocentrismo que muitos de nós, às vezes, exibimos.

Contudo essa história de Teresa também nos faz refletir. A premissa deste livro é de que Deus cria todos os seres humanos para a amizade. Se o caso é esse, pode-se perguntar por que tantas coisas más acontecem aos amigos de Deus, até aos que aceitam o convite de amizade. Não me refiro a pequenos percalços, como o que aconteceu a Teresa de Jesus, mas a coisas terríveis como os horrores sobre os quais refletimos no capítulo anterior. Por que Deus não intervém para impedir as pessoas de praticar o mal? E como Deus pode permitir desastres naturais e maldades humanas — como os *tsunamis* de dezembro de 2004, o furacão Katrina, o assassinato de crianças etc. — que destroem tantas vidas? As pessoas que sofrem esses desastres e males podem muito bem questionar a importância da amizade divina, uma vez que essa não as salva desses horrores. Como podemos nos submeter ao mal em um mundo criado por um Deus compassivo que almeja nossa amizade?

Para nos entender e entender Deus

Por que Deus não intervém?

Em certos aspectos, a resposta à primeira questão encontra-se na citação de Rebecca Ann Parker, sobre a qual meditamos no capítulo anterior. Deus não pode coagir os seres humanos a viver como imagens de Deus. Temos liberdade e podemos nos recusar a viver à altura de nossos melhores ideais e das esperanças divinas. Como Parker observa, seu ofensor não teria continuado a fazer o que estava fazendo se tomasse consciência da Presença. É nossa recusa a prestar atenção nos movimentos que Deus inspira em nosso coração que nos permite fazer essas coisas más aos outros.

Se formos sinceros, todos nós perceberemos que fizemos ou dissemos coisas ofensivas aos outros, ainda que tivéssemos alguns escrúpulos quanto a essas ações antes de cometê-las. Sabemos o que significa não dar atenção à Presença. Só podemos agradecer a Deus pelo fato de não enfrentarmos o tipo de impulso que Frank deve ter tido, pois não sabemos se teríamos ou não prestado atenção na Presença. Culpamos os nazistas pelo holocausto, mas tenho de admitir que me sinto abençoado por não ter sido testado como muitos alemães o foram pela propaganda de seu governo e pelo medo das consequências de prestar atenção na voz do Espírito Santo, a presença divina em nosso coração. "Lá vou eu só pela graça de Deus" é a oração que faço frequentemente quando leio o jornal ou ouço o noticiário. Todos nós somos capazes de cometer pecados.

Como refletimos nos últimos capítulos, o sonho divino de um mundo onde "já não há mal nem danos em toda a minha Santa Montanha" (Is 11,9) não pode se realizar sem a cooperação de todos nós, e nenhum de nós corresponde às esperanças e expectativas divinas. Ao criar os seres humanos com livre-arbítrio e chamá-los à amizade, Deus se torna vulnerável a nossas fraquezas e nossos medos.

Então, por que Deus não aniquila os malfeitores? A resposta de Jesus a essa pergunta está na parábola do joio no meio do trigo:

> O reino dos céus é como um homem que semeou boa semente em seu campo. Mas, enquanto todos dormiam, veio seu inimigo, semeou joio bem no meio do trigo e foi-se embora. Quando o trigo brotou e frutificou, apareceu também o

Isto é jeito de tratar os amigos?

joio. Então, os servidores procuraram o patrão para dizer-lhe: "Senhor, não foi boa a semente que semeaste em teu campo? Donde vem, então, o joio que se acha nele?". "Um inimigo foi quem fez isso", respondeu-lhes. E os servidores lhe perguntaram: "Queres então que vamos arrancá-lo?". A isto ele respondeu: "Não, porque pode acontecer que, arrancando o joio, arranqueis também o trigo. Deixai os dois crescerem juntos até a colheita, e no tempo da colheita direi aos colhedores: colhei primeiro o joio e amarrai-o em feixes para queimar, recolhei depois o trigo em meu celeiro!" (Mt 13,24-30).

Não sei quanto a você, mas essa parábola me faz respirar aliviado, porque, muitas vezes, eu sou o joio no meio do trigo. Também é verdade, pelo que conhecemos a respeito da conexão de todas as coisas no Universo, que a aniquilação de qualquer coisa poderia significar a aniquilação de todas as coisas. Mais uma vez, estou aliviado porque Deus não desistiu de nosso mundo apesar do joio que todos somos e semeamos. Quais são suas reações?

A amizade divina e os desastres naturais

A segunda pergunta — por que o Deus de toda bondade e todo-poderoso cria um mundo onde desastres naturais causam destruição na vida de tanta gente — é a mais vexatória. Atormenta a humanidade desde talvez o despertar da consciência. Não estou satisfeito com nenhuma das respostas que ouvi através dos anos. Talvez a única resposta satisfatória seja a que cada um de nós recebe de Deus quando lamenta tais desastres.

Parece que Jó ficou satisfeito com a resposta que recebeu de Deus depois de protestar contra seus infortúnios. No livro de Jó, Deus responde às queixas de Jó com uma série de perguntas. Deus diz a Jó que Jó não é Deus e que só Deus conhece o mistério supremo de todas as coisas. Quando Deus profere suas perguntas, Jó responde:

> Reconheço que tudo podes,
> nenhum projeto para ti é irrealizável.

Sim, falei, sem compreender,
de maravilhas que excedem o meu saber.
Quem é este que, ínscio, oculta o conselho, por coisas
desprovidas de ciência...
Ouve, pois, e falarei,
interrogar-te-ei e responder-me-ás.
Meu ouvido ouvira falar de ti,
mas agora meus próprios olhos te viram.
Por isso eu caio em prantos e me arrependo,
sobre o pó e sobre a cinza (Jó 42,2-6).

A resposta divina não explica os infortúnios que aconteceram a Jó, e as perguntas feitas a Jó não são uma resposta às catástrofes da vida. Estas simplesmente apontam para o mistério do universo que Deus criou. A resposta de Jó parece abjeta e masoquista. Contudo, também podemos entender sua resposta de uma forma mais generosa como declaração de fato de alguém que encontrou Deus. Quando encontramos Deus, sabemos que não somos Deus e que existimos somente porque Deus quer nossa existência. Nesse sentido, posso me "desprezar" por não ter percebido o verdadeiro estado das coisas.

Jó estava errado por querer uma resposta de Deus? As perguntas divinas parecem mostrar a irritação pelo fato de Jó ousar se queixar e exigir uma audiência perante Deus. Contudo, imediatamente depois da resposta de Jó, Deus diz a Elifás, um dos amigos de Jó que tentaram defender os caminhos divinos e silenciar Jó: "A minha ira acendeu-se contra ti e contra os teus dois amigos, por não terdes falado de mim segundo a verdade, como meu servo Jó" (Jó 42,7). Entendo que Jó foi elogiado por querer continuar a conversa com Deus e recusar-se a se culpar pelo que lhe aconteceu.

Os amigos de Jó tentaram dar as costumeiras explicações teológicas e filosóficas para catástrofes, mas Jó não quis saber de nada disso. Recusou a hipótese do mundo justo que põe a culpa dos desastres nas costas dos que os sofrem. A respeito da mulher que foi estuprada, por exemplo, ouvimos declarações deste tipo: "Ela deve ter pedido por isso!" ou "Por que ela estava fora à noite sem ninguém para protegê-la?". Ou, a respeito das vítimas de furacões, ouvimos: "Por que moravam tão perto da praia?". Jó não aceitou os argumentos dos amigos que, ao que parece, trabalharam com essa hipótese. Ele parece petulante e irritado, mas o que agradou a Deus foi o fato de Jó não aceitar respostas falsas e querer falar diretamente com Deus. Usando os termos deste livro, podemos afirmar que Jó queria continuar a amizade.

No livro sobre São João da Cruz, Iain Matthew comenta essas passagens do livro de Jó:

> [A resposta final de Jó][1] é a liberdade de poder ficar no fundo do templo e dizer, porque agora qualquer outra declaração seria irrelevante: "Meu Deus, tem compaixão de mim, que sou pecador" (Lc 18,13). Não significa submissão servil, mas, sim, a consciência de que faço parte de alguma coisa maior do que eu jamais percebera. Traz aquela mistura de admiração, alvoroço e vergonha que sinto quando aquele que instruo revela-se um gênio. É o conhecimento de Deus que, João diz, leva a pessoa a tratá-lo com novo "respeito" e "cortesia".

Parece que o livro de Jó foi escrito para abordar o motivo de tantas coisas más acontecerem a pessoas boas. Em última análise, não existe resposta para isso exceto pelo fato de Deus ter criado este universo como ele é, e Deus ainda está interessado em ter amizade com os seres humanos até quando nos enraivecemos contra os infortúnios que, com tanta frequência, nos acontecem sem que seja nossa culpa. Qual é sua reação?

Não tenho resposta à pergunta sobre o motivo de haver tanto mal e sofrimento neste mundo. Tudo o que posso fazer é incentivá-lo a falar diretamente com Deus se tiver dúvidas quanto aos caminhos divinos, como um amigo incentiva o outro, mesmo que a raiva seja a única emoção que você consiga externar. Creio que o livro de Jó incentiva esse relacionamento sincero com o amigo da gente e indica que Deus está disposto a responder, mesmo que a resposta não seja, à primeira vista, tão consoladora quanto esperávamos.

---

1 MATTHEW, Iain, *The Impact of God. Soundings from St. John of the Cross*, London, Hodder & Stoughton, 1995, 63.

A vontade divina

Embora saibamos que Deus e os caminhos divinos formam um mistério que só Deus conhece, ainda assim, tentamos identificar a vontade divina nos atos da criação. Sempre que ocorre uma catástrofe, em forma de desastre natural ou de maldade humana, ouvimos as pessoas falarem da vontade divina: "Deus quis este furacão a fim de nos fortalecer e nos atrair para mais perto dele"; "Deus quis que sua mãe morresse para ela ser feliz no céu, onde zelará por você"; "Deus quer que ocorra tudo o que nos acontece para o nosso bem". Um exemplo disso é dado na carta que João da Cruz escreveu a uma freira que estava sofrendo muito por ter sido transferida para outro convento: "Foi Sua Majestade que fez isso, para trazer-lhe mais proveito". Essa explicação justifica o conhecimento da intenção divina. Prefiro não atribuir a Deus uma intenção que não conheço; assim, o sofrimento e o mal permanecem como um mistério que me coloca exatamente diante da questão sobre quem Deus é.

Quando pensamos em Deus como o supremo responsável por tudo, nos colocamos em apuros para explicar desastres naturais e a maldade humana. Deus cria e ampara um mundo de placas tectônicas que se deslocam, interações climáticas complexas e outros desses fenômenos que, às vezes, causam estragos nas vidas humanas. Deus não intervém para impedir o deslocamento das placas nem muda as condições climáticas. E, quando se trata da maldade humana, se Deus não impediu a crucificação de Jesus, então, talvez Deus não possa mudar o coração humano, a menos que esse coração concorde em mudar. Deus, já se percebe, quer influenciar nosso coração, mas Deus não pode coagi-lo a mudar.

As perguntas que Deus faz no fim do livro de Jó apontam para a imensidão do Universo. No centro desse imenso universo está Deus, desejando a existência dele e amparando-o a todo momento. As coisas horríveis que acontecem, como o estupro de uma criança, anormalidades genéticas e *tsunamis*, fazem parte do mistério do Universo. Podemos entender a explicação científica de alguns desses fenômenos e podemos aprender, por meio dessa explicação, como impedir alguns deles no futuro, mas o mistério permanece, porque, no fim das contas, nunca poderemos conhecer a mente de Deus. Se dependesse de nós, Deus não seria Deus.

Isto é jeito de tratar os amigos?

O que podemos fazer quando enfrentamos a realidade do sofrimento e do mal e não sabemos por que Deus os permite? Ao comentar a carta de João da Cruz que acabamos de citar, Iain Matthew observa que, para João da Cruz, o que transforma o sofrimento em alguma coisa positiva, no fim das contas, é a confiança em Deus: "Entristeça-se, resolva o que pode ser resolvido, não aprove o pecado que talvez esteja causando a situação; mas acredite que o Pai tem a situação nas mãos e que a transformará em bênção"[2]. Eu acrescentaria: "Enfureça-se com Deus, se tiver vontade". A confiança que Matthew, citando João da Cruz, recomenda origina-se da experiência anterior de Deus como o criador que deseja a sua existência e a de todos, por conta de sua amizade. João da Cruz e Iain Matthew nos lembram que, às vezes, nos vemos em situações que só podem ser suportadas com confiança cega no Deus que encontramos e no qual passamos a crer.

A experiência de outros que confiaram em Deus em meio a horrores nos ajuda a entender essa resposta. Conheço, e você provavelmente também conhece, pessoas que encontraram essa confiança. João da Cruz chegou à sua conclusão a respeito de Deus por meio de uma provação de tratamento cruel, quase fatal, e do aprisionamento pelos próprios irmãos carmelitas. Em circunstâncias muito terríveis, ele descobriu que a presença divina era um amor confortante, ardente. Durante essa provação, ele escreveu suas poesias de amor a Deus, que são consideradas clássicas na literatura espanhola. Ele acreditava que não teria conhecido Deus tão bem se não tivesse experimentado o aprisionamento.

Etty Hillesum, uma mulher judia que viveu em Amsterdã durante a ocupação nazista da cidade, encontrou Deus antes de morrer em Auschwitz. Em 26 de maio de 1942, antes de ser presa, ela escreveu esta oração:

> Às vezes, é difícil perceber e entender, ó Deus, o que os que foram criados à tua semelhança fazem uns aos outros nestes dias incoerentes. Mas eu já não me isolo em meu quarto, Deus, eu tento encarar as coisas diretamente, até os piores crimes, e descobrir o pequeno ser humano nu em meio aos

---

2   Ibidem, 93.

escombros causados pelos atos humanos sem sentido. Não me sento aqui em meu quarto tranquilo cheio de flores, louvando-te por meio de teus poetas e pensadores. Isso seria simples demais, e, de qualquer modo, não sou tão espiritualizado quanto meus amigos julgam com tanta bondade. Todo ser humano tem uma realidade própria. Sei disso, mas não sou nenhuma visionária extravagante, Deus, nenhuma colegial com uma "bela alma". Tento enfrentar com coragem teu mundo, Deus, não para fugir da realidade em belos sonhos — embora eu acredite que ao lado da mais horrível realidade existam belos sonhos —, e continuo a louvar tua criação, Deus, apesar de tudo[3].

Quando o trem saiu da Holanda para Auschwitz, Hillesum escreveu um bilhete em que dizia "Saímos do campo cantando"[4]. Não é admirável que essas palavras tenham sido escritas em meio a tal horror?

No fim, não precisamos entender o mal; só precisamos dizer sim a Deus. Um provérbio português diz que Deus escreve certo por linhas tortas. Acreditamos que Deus escreveu certo pela linha torta da rejeição do Messias. Acreditamos que Deus escreve certo por todas as linhas tortas que tocam tantas vidas através da história. E mais, não podemos conhecer o mistério do mal; ainda, não precisamos conhecê-lo se acreditarmos que Deus é verdadeiramente nosso amigo — ou, como diz a tradução para o português do livro da Sabedoria, verdadeiramente "amigo da vida" (Sb 11,26). Falando da "noite escura" de João da Cruz, Iain Matthew escreve: "Mas para a noite ser [...] ditosa é preciso também, em algum nível, haver um 'sim'"[5]. A vida realmente atira para nós muitas bolas curvas, coisas terríveis que são difíceis de controlar, mas, se quisermos encontrar alguma medida de paz e bênção, precisaremos dizer sim como Jesus disse no jardim do Getsêmani: "Abbá (Pai)! Tudo

---

3   HILLESUM, Etty, *An Interrupted Life. The Diaries, 1941-1943, and Letters from Westerbork*. Trad. ing. Arnold J. Pomerans, New York, Henry Holt, 1996, 134-135.
4   Ibidem, xvi.
5   MATTHEW, *The Impact of God*, 86.

te é possível: afasta de mim este cálice; porém, não o que eu quero, mas o que tu queres!" (Mc 14,36).

Parece que o profeta Habacuc foi capaz de dizer sim a Deus apesar de grandes calamidades. Peçamos a Deus que nos ajude a dizer alguma coisa assim:

> Pois a figueira não dá mais flores,
> nulo será o produto das vinhas,
> faltará o fruto da oliveira
> e os campos não darão de comer.
> Não haverá mais ovelhas no aprisco
> nem gado nos estábulos.
> Eu, porém, me regozijarei em JAVÉ,
> jubilarei no Deus de minha salvação (Hab 3,17-18).

Deus compartilha nossa sorte

Nossa objeção à ideia de amizade com Deus por conta das ideias analisadas aqui pode ser amenizada por um pensamento final. Os cristãos creem que Jesus de Nazaré seja o Deus encarnado. Nele, Deus participou da sorte de todos os seres humanos. Os pais de Jesus foram forçados a deixar o lar em Nazaré e ir a Belém para um censo romano quando Maria estava muito perto de dar à luz. Em Belém, Jesus nasceu em um estábulo. A jovem família foi forçada ao exílio no Egito para escapar à loucura do rei Herodes. Parece que Jesus perdeu o pai, José, algum tempo antes de começar seu ministério público. Finalmente, os líderes de sua religião o entregaram aos invasores romanos para que sofresse uma morte horrível. Deus não é estranho ao sofrimento. Em Jesus, Deus sabe por experiência como é a vida humana. O desejo divino por amizade conosco não conhece limites. Nosso amigo quer partilhar tudo conosco, até aquelas coisas que nos deixam zangados e ressentidos com Deus.

11

Como devo entender a ira e a justiça divinas?

Um pensamento que tenho com frequência e que talvez lhe tenha ocorrido é que Deus é um Deus justo, e a Bíblia fala sempre da ira divina contra as injustiças e os pecados das pessoas. O jeito como falo em todo este livro do amor e do desejo divinos por amizade parece ignorar as passagens da Escritura que se referem à ira e a justiça divinas. Estou sendo otimista demais em minhas expectativas referentes a Deus? Além disso, ao pôr em evidência a amizade com Deus, não corremos o risco de aceitar o *status quo* em nosso mundo? O mundo não é do jeito que Deus quer que ele seja. Como Deus reage aos nossos pecados e aos atos de injustiça e, ainda assim, nos atrai à amizade?

Se essas perguntas o perturbam, você não está sozinho. Nesta meditação, vamos tentar encontrar uma resposta.

A ira divina

Quando pensamos em exemplos da ira divina na Bíblia, somos tentados a interpretá-la literalmente. Mas é importante entender que, embora sejam inspiradas por Deus, as Escrituras foram escritas por seres humanos que carregavam a mesma bagagem psicológica, sociológica e cultural que afeta a maneira como experimentamos Deus. Eles puseram suas esperanças e seus medos em ação no que acreditavam de Deus, exatamente como nós fazemos.

Se você se perguntasse se o Deus que você experienciou recentemente sancionaria a limpeza étnica, ao que tudo indica você rapidamente responderia "não", mas há muitas pessoas, cristãs e não cristãs, que discordariam de você. Elas acreditam que Deus está do lado delas e quer que se protejam contra os inimigos por quaisquer meios à disposição delas, inclusive o genocídio. Somos testemunhas dessa crença em nossos tempos — na Alemanha nazista, em Ruanda, na antiga Iugoslávia e em muitos outros lugares. Numa determinada época, os israelitas da Bíblia acreditaram que Deus queria que eles exterminassem todos os que estavam na Terra Prometida para a qual Deus os estava levando, vindos do Egito. Só aos poucos eles passaram a acreditar que Deus quer que todas as pessoas vivam em paz e harmonia, a mensagem das grandes profecias de Isaías que lemos durante o Advento.

Em uma religião que acreditava que tudo acontecia porque Deus assim o desejava, era fácil para os profetas proclamarem que as calamidades que caíam sobre o povo eram as respostas divinas iradas a suas infidelidades. Entretanto, é possível interpretar essas calamidades como resultado de medidas políticas malsucedidas. Às vezes, Israel fazia alianças com países que acabavam perdendo o poder de protegê-los. Por exemplo, o profeta chamado Primeiro Isaías advertiu os líderes israelitas para que não confiassem em uma aliança com o Egito, mas eles não prestaram atenção nesse alerta. Quando o Egito enfraqueceu e o poder da Assíria e da Babilônia aumentou, os israelitas pagaram caro por sua insensatez, com a destruição de Jerusalém e o exílio babilônio. Mas esse sofrimento foi diretamente um castigo de Deus ou apenas o resultado de confiar em um poder humano para proteger sua soberania? No fim, todos os impérios começam a enfraquecer e os que foram oprimidos tendem a buscar vingança.

Essas reflexões históricas sugerem que devemos exercer certa cautela no que atribuímos à intenção divina, até nas narrativas e nas profecias bíblicas. Se Deus não age com ira vingativa, como ele responde à injustiça?

Como Deus reage à insensatez e ao pecado humanos

Vejamos o mundo como um negócio de família divino e o desejo divino para o mundo. Os seres humanos claramente não prestaram atenção no desejo divino. Violência, ódio, guerra e destruição do ambiente parecem ser a regra. Como Deus reage ao que os seres humanos fizeram com o negócio de família divino? Faça a Deus essa pergunta e então compare a resposta que receber com a resposta que recebi de Deus. Talvez juntos possamos conseguir alguma vaga ideia de como a justiça e a misericórdia divinas convivem.

Quando perguntei a Deus, eis o que me veio em oração: "Como você reage quando está em minha presença, especialmente quando sabe que pecou? Acha que alguém poderia estar em minha presença e ficar insensível?". Percebi que nessas circunstâncias eu sentia vergonha e tristeza e pedia a graça de evitar aquele pecado no futuro. Eu não achava que Deus estava zangado comigo, mas não poderia viver na presença divina sem reconhecer meus erros e meus pecados e arrepender-me deles.

Enquanto refletia sobre isso, percebi que, por mais hediondos que sejam os crimes que cometemos, se nos permitirmos tomar consciência da presença divina, nós nos sentiremos chamados ao arrependimento e à contrição. Não podemos ter consciência da presença divina e não ter consciência de como estamos longe de ser a pessoa que Deus nos chama para ser. De fato, parece-me que as pessoas ficam tão chocadas com a total bondade e a santidade divina que, pelo menos a princípio, querem fugir e se esconder. Creio que o choque e o medo surgem não pelo fato de Deus estar terrivelmente zangado, mas pelo fato de as pessoas se sentirem tão perversas e indignas. Elas podem esperar ira e rejeição e talvez até se sentir rejeitadas, mas isso é sua projeção em Deus; elas interpretam o amor, a santidade e a misericórdia totais divinos como ira por se sentirem tão indignas. Contudo, se ficassem na presença divina, sentir-se-iam abraçadas pelo amor e pelo perdão e iriam querer expressar contrição e arrependimento. Elas também iam desejar mudar de vida e perceber que só poderiam fazê-lo com a ajuda deste Deus de amor e perdão.

O poeta inglês seiscentista George Herbert expressou bem em Amor (III)[1] o que, muitas vezes, se passa em nós pecadores quando encontramos a santidade de Deus:

> O Amor deu-me boas-vindas, porém retraiu-se
> minha alma em pó e pecado eivada.
> Mas o Amor, de olhar sagaz, observando-me
> recuar àquela minha primeira entrada,
> achegou-se de mim, suave, indagando
> se algo me faltava.
> "Um hóspede", disse-lhe, "em mérito de entrar à vossa casa".
> Falou o Amor: "Tu o serás".
> "Eu, o ingrato, o desamável? Ah, não sou digno de a Vós
>   erguer os olhos, meu amado".
> O Amor tomou minha mão e, sorrindo, retorquiu:
> "Quem, senão eu, teria os olhos criado?"
> "Verdade, Senhor; mas eu os turvei; deixai minha desonra
>   tomar o rumo que lhe caiba".
> "Acaso não sabes", diz o Amor, "quem toda humana
>   culpa assumiu?"
> "Meu querido, serei de vossa mesa, assim, o servo".
> "Deves sentar-te", diz o Amor, "e de minha carne provar".
> Então sentei-me, e de sua carne provei.

Herbert expressa nossa confusão e vergonha e nossa expectativa de recusa quando chegamos à presença de Deus. Mas, como ele, descobrimos que Deus nos convida a uma refeição comunitária de amizade. Depois de uma de suas experiências de Deus, a bem-aventurada Juliana de

---

1   *Love (III)*. In: HERBERT, George, *The Norton Anthology of Poetry*, ed. Alexander W. Allison et al., New York, Norton, ³1983, 268. [Trad. bras. do poema: Fernando Campanella. In: <http://fernandocampanella.blogspot.com/2012/05/amor-uma-traducao-de-um-poema-de-george.html>. (N. da T.)]

Como devo entender a ira e a justiça divinas?

Norwich, eremita inglesa do século XIV, observou: "Mas me parece não haver nenhuma ira em Deus[2], pois nosso bom Senhor sempre pensa em sua glória e no bem de todos os que serão salvos".

Estou tentando descrever uma coisa difícil de compreender. Deus é amor e compaixão, mas Deus, pode-se dizer, também tem padrões. Quando estamos na presença divina, tomamos consciência de que não vivemos como fomos criados para viver, como a imagem e a semelhança de Deus. Refiro-me a esses padrões. Sabemos que não somos compassivos para com os necessitados; não somos pobres de espírito, nem mansos, nem sinceros, nem generosos, nem confiáveis. Muitas vezes, somos exatamente o oposto daquilo que fomos criados para ser. Vivemos um "falso eu"[3], como descreveu Thomas Merton. Na presença do Santo, tomamos consciência de como somos falsos e perversos, nós que fomos criados para sermos perfeitos como nosso Pai celeste é perfeito (Mt 5,48). Contudo, ao mesmo tempo, se mantivermos a sinceridade exigida nessa santa Presença, também reconhecemos que nos são oferecidos o perdão e a oportunidade de arrependimento e conversão.

Lembre-se da experiência de Rebecca Ann Parker, mencionada no capítulo 9. Em uma sessão de terapia, ela pôde voltar à ocasião em que, aos 4 anos de idade, foi estuprada por um vizinho. Nessa sessão, ela percebeu que foi amparada, quando criança, por uma Presença e que o estuprador não poderia continuar o que estava fazendo se tomasse consciência da Presença. Quando li o relato de Parker, não tive a impressão de que a Presença fosse outra coisa além de terna e confortante. Ela não diz que a Presença foi terna e atenciosa com ela nem que estava pronta para destruir o estuprador.

É o que percebi ao perguntar a Deus sobre a ira divina. A que percepções você chegou? Seria uma grande graça para nós falar de nossas experiências. Espero que você encontre pessoas com quem partilhar o que experimentou.

---

2   JULIAN OF NORWICH, *Revelations of Divine Love*. Trad. ing. moderno Elizabeth Spearing, London, Penguin Books, 1998, 61.

3   MARTIN, James, *Becoming Who You Are. Insights on the True Self from Thomas Merton and Other Saints*, Mahwah, NJ, Paulist Press, 2006.

A justiça divina

O Deus que deseja nossa amizade também deseja a amizade de todos os seres humanos e sua cooperação para criar um mundo que ampare todos os amigos divinos. Deus quer um mundo justo, um mundo em que homens e mulheres estejam em relacionamento direto uns com os outros e também com Deus, onde todos sejam apreciados. Como Deus reage ao nosso mundo? Percebo que há mais a dizer sobre a questão da justiça divina em face das grandes injustiças que nós seres humanos criamos. Nosso mundo foi semeado com injustiça, e seus frutos são difusos. Com demasiada frequência, não vemos ou não nos permitimos ver esses frutos. Mas, às vezes, o véu de nossa ignorância é afastado, e então percebemos que vivemos em um mundo de injustiça social. Nos Estados Unidos, o furacão Katrina levantou o véu da ignorância para muitos de nós quando vimos milhares de afro-americanos em Nova Orleans sofrer o impacto de seus efeitos. Muitas pessoas responderam com grande caridade ao que viram na televisão, mas muitos de nós não demos o passo seguinte e remediamos as injustiças sistêmicas que mantêm os afro-americanos pobres (e os pobres em geral) no fundo do sistema de classes sociais.

Não quero subir no palanque aqui, porque não acho que diatribes nos ajudem a enfrentar as realidades de nosso mundo com o tipo de compaixão e dedicação necessário para mudar as estruturas sociais. Em vez disso, sugiro que cada um de nós leia o jornal durante uma semana enquanto pede a Deus que nos ajude a ver nosso mundo com os olhos divinos. Podemos voltar à sugestão feita por Inácio de Loyola na contemplação da Encarnação nos *Exercícios Espirituais*. Inácio nos faz imaginar a Santíssima Trindade olhando para nosso mundo e decidindo enviar o Filho. Peça a Deus para ler o noticiário pela perspectiva da Santíssima Trindade.

Ao contemplar o noticiário pela perspectiva divina, o que você experimenta? Eu sinto a tristeza divina por haver tanta violência e miséria entre nós. "Não é o que quero", ouço Deus dizer. "O que você vai fazer para mudar as coisas?" Às vezes, sinto-me impotente e zangado, mas esses sentimentos só me levam a culpar os outros, então, percebo que procuro bodes expiatórios para eliminar minha cumplicidade nesses males sociais e minha responsabilidade por me envolver. O que fiz para mudar o clima político a fim de que mais pessoas queiram apoiar políticas que levem minha cidade, meu estado e meu país em direção a uma sociedade mais justa e equitativa? Em outras palavras, percebo que faço parte do problema e que preciso me converter a fim de fazer o que puder para mudar as políticas públicas.

Em *Raising Abel*, o teólogo James Alison conta uma história imaginosa de um, então, idoso Caim em sua tenda tentando dormir. Ele nunca teve muita paz de espírito enquanto vagava pelo mundo, sempre temendo uma represália por ter matado o irmão, Abel. Acorda de um sono irregular ao sentir que alguém entrou na tenda e olha para ele. Percebe que é seu irmão e espera ser morto. Em vez disso, ele ouve as palavras "Não tema, sou eu, seu irmão, não se lembra de mim?". Abel ajuda Caim a se lembrar. Alison escreve:

> Esse processo de lembrar o irmão não é de todo agradável para o velho, pois, a cada despertar para o que realmente aconteceu, abala-o perceber o que foi que o guiou desde então, que mecanismos de amor e ódio entrelaçados; e toda a sua história de perambulação, de buscar abrigo, de matar e expulsar para se proteger, tudo se revela desnecessário. A cada passo seu irmão permite-lhe ver o que realmente aconteceu e a cada passo o velho gostaria de fazer o que as pernas endurecidas já não lhe permitem fazer: fugir antes de ouvir mais, de tanto que ele teme a virada do avesso de tudo o que ele veio a ser.
>
> Contudo, o jovem irmão não o exime desse estranho julgamento; estranho, pois, nesse tribunal, o irmão mais novo é a vítima, o promotor e o juiz, e o julgamento é o processo de eximir de culpa aquele que não ousou ouvir uma acusação que nunca acontece. Estranhamente, à medida que sua memória toma corpo, o velho começa a sentir cada vez menos o peso do fim ameaçado que ele quase ouviu vociferar nos ouvidos. E ele estava certo ao abandonar esse sentimento, pois

o fim já havia chegado, não como ameaça: veio como o irmão, que o perdoa[4].

Esse julgamento imaginoso me atraiu porque se parece com o que acontece quando estamos na presença de Deus. Somos julgados; isto é, temos de enfrentar sinceramente a realidade do que fizemos ou deixamos de fazer. Isso é justiça divina, mas percebemos que a justiça divina é amor e perdão. Não precisamos temer a presença divina. Somos libertados pelo julgamento divino e, se não é o que todos enfrentamos depois da morte, esse julgamento leva ao desejo de mudar e de fazer o que pudermos para tornar nosso mundo mais parecido com o mundo que Deus quer.

Como isso o atinge? Harmoniza-se com sua experiência de contemplar o mundo com os olhos divinos? Talvez também você queira dizer como o salmista: "O Amor e a Verdade hão de encontrar-se" (Sl 84,11). Mais uma vez, espero que você tenha pessoas com quem conversar a respeito de sua experiência. Se não tiver, talvez você possa, como Maria na Anunciação, conservar fielmente todas essas coisas em seu coração (Lc 2,51).

---

4   ALISON, James, *Raising Abel. The Recovery of the Eschatological Imagination*, New York, Crossroad, 1996, 133-134.

12

Deus nos revela a vida íntima divina?

ENFATIZEI A ESPONTANEIDADE mútua como um dos principais símbolos da amizade. Com meus melhores amigos, quero ser o mais sincero possível quanto a minha vida íntima, em especial no que influencia nossa amizade, e espero que eles retribuam. Há alguma coisa análoga a essa espontaneidade mútua em nossa amizade com Deus? Deus nos revela a vida íntima divina? Ou nesse ponto a analogia acaba? Afinal de contas, uma coisa parece clara: se pensam que compreendem Deus, os seres humanos estão errados. Deus é um mistério incomensurável; tudo o que dizemos positivamente a respeito de Deus tem de ser negado no mesmo instante. Do contrário, transformamos Deus em um quebra-cabeça a ser solucionado. Quando virmos Deus face a face, será nosso prazer, creio eu, perceber que jamais compreenderemos o mistério divino.

Por outro lado, os cristãos professam que Deus é trino e falam de três pessoas em um só Deus. Essa é a revelação da vida íntima de Deus? Se é, deve ter algum sentido para nossa vida e nossa amizade com Deus.

Nesta meditação quero falar dessa revelação na medida em que ela tem relação com o desejo divino de nossa amizade. Não é fácil discutir nem compreender isso. Se em algum momento precisamos da ajuda divina para escrever este livro, esse momento é agora. Não quero induzi-lo em erro nem o entediar com teoria teológica. Talvez a dificuldade de dizer alguma coisa inteligível a respeito da espontaneidade divina expresse algo sobre quem Deus é.

Uma revelação em ações

Em nenhum lugar da Escritura nos dizem categoricamente que Deus é trino. Contudo, Deus *revelou* alguma coisa sobre a vida íntima divina que levou à doutrina da Santíssima Trindade. Entretanto, essa revelação, como a maioria das revelações espontâneas profundas de si mesmo, não surgiu tanto em palavras como em ações — ações de Deus na história do povo hebreu, na pessoa de Jesus e na obra do Espírito na história humana. Essa revelação em ações, como se vê, não removeu o véu do mistério divino mais que a revelação espontânea humana em ações ou palavras remove o véu do mistério humano. Por mais que minha amiga se revele a mim de um modo profundo, ela permanece um mistério. Se isso é verdadeiro em relação à amizade humana, não é mais verdadeiro no que se refere à amizade com Deus?

A existência do mundo em si revela alguma coisa a respeito de Deus. Para existir, Deus não precisa do Universo. Quando chegamos à admirável conscientização de que nosso mundo, e nós dentro dele, só existimos porque Deus quer nossa existência, começamos a refletir naquele que faz isso. Ao criar o Universo, Deus revela a si mesmo, pois não há nada mais para servir de modelo. Contudo, temos de nos permitir ficar intrigados com o mistério de "não haver nada, nada em absoluto", como Denise Levertov disse em *Primary Wonder*.

Num ensaio que analisa a teologia da Santíssima Trindade, Rowan Williams, arcebispo de Canterbury, escreve: "Como criaturas, que existem por causa da manifestação de Deus, sabemos que Deus deseja ser Deus *para* o que não é Deus — deseja o prazer e a prosperidade do que não é Deus". Diferente do nosso desejo, o desejo divino não é ressentido pela atratividade existente de nada; nada existe até Deus querer que exista. Criar o que não é Deus não "ajuda Deus a ser Deus", como Williams diz:

Deus nos revela a vida íntima divina?

O que Deus manifesta [...] é Deus:
o chamado para o mundo existir e, assim, encontrar
   sua realização
em estar na presença de Deus,
coloca "fora" de Deus o tipo de vida que é de Deus.

Em outras palavras, Deus cria o que Deus é, mas a vida criada existe "fora" de Deus. Presumo que Williams coloca "fora" entre aspas porque essa metáfora espacial definitivamente não funciona; nada está "fora" de Deus porque Deus não é espacial. No entanto, Williams mostra que, ao criar um universo, Deus revela a si mesmo, porque não há nada mais para revelar.

Então, o que se revela sobre Deus com a criação? Há alguma coisa a respeito da vida íntima divina que é generosa. Williams assim o expressa: "Parece que precisamos dizer que Deus já é alguém cuja existência é 'ser para', cuja alegria está eternamente na alegria de outrem". Dentro de Deus — não considerando a criação — há "alegria na alegria de outrem"[1].

Nem Williams nem ninguém chegaria à noção de que dentro de Deus há "alegria na alegria de outrem" se não tivesse acontecido outra "ação" de Deus no mundo — a saber, a Encarnação. No capítulo 4, contemplamos a vida, a morte e a ressurreição de Jesus de Nazaré, um judeu do século I de nossa era. Entramos em contato com um ser humano como nós em todas as coisas, exceto no pecado, mas que no entanto provocou em seus primeiros discípulos e nos cristãos durante séculos o mesmo tipo de admiração que a presença de Deus provoca. Jesus chegou a um conhecimento humano de si mesmo que poderia tê-lo feito duvidar de sua sanidade: ele acreditava ser um só com o mistério que chamava de "Pai". Ou ele era louco ou charlatão ou era o Filho de Deus em um sentido especial que só podia significar que ele era a presença de Deus como ser humano. Na vida, na morte e na ressurreição de Jesus de Nazaré, Deus revela uma vida íntima que de algum modo misterioso é relacional. Jesus chama Deus de "Abbá", porém, em palavras e obras, ele também manifesta uma identidade com Deus que não é verdadeira para nenhuma ou-

---

1   WILLIAMS, Rowan, *On Christian Theology*, Oxford, Blackwell, 2000, 73-74.

tra criatura. Assim, em Deus há pelo menos dois que são Um. Usamos a palavra "pessoas" para indicar os dois, já que definimos *pessoa* somente em termos de relação, sem subentender dois seres diferentes.

Parece que na igreja cristã primitiva as pessoas observavam que sua experiência de admiração, prazer e temor na presença de Deus, Yhwh, era parecida com sua experiência na presença do Jesus ressuscitado e na experiência recordada de Jesus antes de sua morte. Além disso, por causa da vida, da morte e da ressurreição de Jesus, elas estavam se transformando em um tipo diferente de comunidade humana. A ressurreição de Jesus depois da humilhante crucificação e o renascimento delas em uma comunidade perdoada, clemente e inclusiva só podia ser atribuída à ação de Deus. Assim, Jesus não era maluco nem charlatão, mas deve ter sido, como tem de ser, quem ele revelava ser, o Filho de Deus de um jeito singular, a presença física de Deus nesta Terra.

A igreja primitiva recordava que Jesus falou em enviar seu Espírito. Sua transformação em uma nova comunidade de seres humanos só podia ter acontecido pela presença de Deus ativa neles como indivíduos e como comunidade. Nessa atividade, Deus revelou que a relação dentro de Deus era tripla. É como as pessoas experimentavam a amizade divina. Recebiam a revelação de Deus como Trindade não por meio de alguma doutrina esotérica dada a elas como iniciados em um culto especial, mas por meio da ação divina salvadora ao criar e redimir nosso mundo — portanto, Deus revela quem Deus é em ações mais do que em palavras.

Se você se empenhou nos exercícios sugeridos nos capítulos 4 e 5 a respeito da amizade com Jesus e o Espírito, experimentou alguma coisa parecida com o que os cristãos primitivos experimentaram. Nesse caso, você tem algum conhecimento experiencial da triplicidade do Deus único. Esse conhecimento é "conhecimento do coração". Alguma coisa lhe aconteceu e você sabe que experimentou Deus presente e ativo em Jesus de Nazaré e na vida renovada que é o dom do Espírito. Experimentou a presença criadora, redentora e salvadora de Deus, a quem os cristãos chamam de Pai, Filho e Espírito Santo.

Além disso, assim como na vida e na morte de Jesus experimentamos a compassiva vulnerabilidade de Deus, assim, também, ao vivermos a vida no Espírito, experimentamos a compassiva vulnerabilidade de Deus que é Pai, Filho e Espírito. O Espírito não é coercitivo; a ação do Espírito em nós move-nos para sermos mais clementes, mais compassivos e mais inclusivos em nossos relacionamentos. Mas podemos recusar e, muitas vezes, nos recusamos a seguir essas sugestões. O próprio fato de ser o Espírito a pessoa de Deus menos mencionada indica a disposição divina de ser o único esquecido, a fim de nos mover para sermos os seres humanos e a comunidade humana que Deus nos cria para ser. A espontânea revelação divina de si mesmo é uniforme. Deus é o Único compassivo que se humilha a fim de nos converter à amizade.

PARTE III
Para experimentar Deus

13

Onde experimentamos Deus?

SE DEUS QUER nossa amizade, onde experimentamos Deus nos atraindo para esse relacionamento? Até aqui, sugeri que tirássemos algum tempo para rezar com um esforço para reconhecer essas experiências, mas também ajuda passar algum tempo refletindo sobre onde experimentamos Deus. Neste capítulo, vou examinar com você vários lugares onde as pessoas encontraram Deus. Tenho esperança de, juntos, descobrirmos que Deus se encontra onde quer que estejamos. Tudo o que precisamos fazer é prestar atenção. Comecemos com alguns momentos bíblicos de encontrar Deus.

Enquanto apascentava as ovelhas do sogro, Moisés notou uma coisa extraordinária: uma sarça que ardia em chamas sem se consumir. Quando foi olhar mais de perto, ele ouviu uma voz dizer: "Não te aproximes daqui. Tira as sandálias de teus pés, porque o lugar em que estás é uma terra santa" (Ex 3,5). Esse é um de muitos incidentes na Bíblia em que as pessoas sentiram a proximidade de Deus — quando, de certo modo, o céu e a terra se encontraram. Esse encontro aconteceu repetidas vezes no Monte Sinai, onde Deus entregou os Dez Mandamentos a Moisés; na tenda que continha a Arca da Aliança, que guardava os mandamentos; e no templo de Salomão, com o Santo dos Santos que continha a Arca. Enquanto o templo estava em pé, os israelitas tinham certeza de que Deus estava com eles. O muro que resta do destruído Segundo Templo chama-se Muro das Lamentações porque o lugar da presença divina já não existe, e os judeus choram a ausência divina.

Para os israelitas, o lugar divino e o nosso lugar não eram totalmente separados; de algum modo, eles se sobrepunham e, em certas ocasiões e lugares, os seres humanos percebiam essa sobreposição. Deus não está "lá fora", acima deste mundo, embora ao mesmo tempo Deus não esteja tão "aqui" a ponto de a criação e Deus serem um só. Os teólogos inventaram a palavra *transcendência* para descrever a "não presença aqui" de Deus e *imanência* para descrever a "presença aqui" dele.

Para os cristãos, Jesus de Nazaré é agora *o* lugar onde céu e terra se encontram, onde o sagrado está presente de forma singular e para sempre. O batismo de Jesus (Lc 3,21-22) e sua transfiguração (Mc 9,2-13) exemplificam como o céu e a terra se encontram nele. Em Jesus, Deus está tão presente que ele é, de um modo misterioso, plenamente humano e plenamente divino. Encontrar Jesus é encontrar Deus. Jesus é "solo sagrado" por excelência.

Este capítulo nos leva às seguintes perguntas: onde experimentamos Deus? Onde é nosso "solo sagrado"? Os irlandeses falam de "lugares translúcidos" onde a fronteira entre o céu e a terra, o sagrado e o profano, parece excepcionalmente permeável, e se acredita que, por intermédio dessa fronteira, Deus "se infiltre" mais facilmente. Por acreditar que Deus "se infiltra" em qualquer lugar, prefiro dizer que nesses lugares as pessoas encontram a presença de Deus com mais facilidade. Onde estão os lugares translúcidos de sua vida? O que torna um lugar translúcido? Nesta meditação, quero refletir sobre essas perguntas com você.

Lugares translúcidos

Os jesuítas da Província da Nova Inglaterra têm uma casa de retiro em Eastern Point, na costa rochosa do Atlântico, em Gloucester, Massachusetts. Há cinquenta anos as pessoas vão a esse lugar para "encontrar Deus" ou se permitir ser encontradas por Deus. O cenário é magnífico. A casa principal é uma mansão de pedra construída no início do século XX. Dá para o oceano Atlântico, próximo ao porto de Gloucester.

Onde experimentamos Deus?

O nascer do sol ali é sempre imponente e, em dias claros, há um brilho especial sobre o oceano ao pôr do sol. Depois de uma forte tempestade no mar, as ondas quebram contra os enormes rochedos à beira da propriedade, borrifando água a uns quinze metros de altura, produzindo uma visão e um som emocionantes. A própria atmosfera da casa de retiro é calorosa, silenciosa e tranquila. Tive o privilégio de orientar jovens jesuítas de todo o mundo nos Exercícios Espirituais de trinta dias nos últimos dez anos. Esses retiros acontecem no início do outono — para muitos, a estação mais espetacular do ano em nossa região.

Muitos experimentam Eastern Point como um lugar translúcido. Eu o menciono para incentivá-lo a recordar seus lugares translúcidos. Você já foi "surpreendido pela alegria", conforme as palavras de C. S. Lewis — surpreendido pelo desejo de Deus?

Creio que todos nós experimentamos esses lugares translúcidos durante a vida. Desde os tempos medievais, as pessoas são atraídas para as grandes catedrais da Europa; em especial, para uma catedral na cidadezinha francesa de Chartres, porque elas prometem ser esses lugares translúcidos. Através dos séculos, milhões de pessoas percorreram famosos caminhos de peregrinação, como a peregrinação de oitocentos quilômetros desde a fronteira franco-espanhola até Santiago de Compostela, na Espanha, por causa de narrativas sobre como outros encontraram Deus nessas peregrinações.

O que têm esses lugares e os lugares que você encontrou que os torna especiais?

Alguma coisa nesses lugares o surpreende, prende sua atenção e o faz esquecer suas ansiedades e preocupações. Por um momento ou por mais tempo, você se torna um contemplativo no sentido primitivo da palavra: você presta atenção em alguma coisa ou em alguém fora de você. De fato, de algum modo, você se perde nessa alguma coisa ou nesse alguém. O nascer do sol sobre o oceano prende-lhe toda a atenção, por exemplo, e durante esse tempo você não sente a dor nas nádegas nem percebe como suas orelhas estão frias ou alguma outra coisa. Nesses momentos, Deus tem a chance de abrir caminho pelos "problemas insolúveis e problemas que oferecem suas soluções ignoradas" que "se acotovelam por minha atenção", como disse Denise Levertov em *Primary Wonder*. Essa capacidade de prender-nos a atenção é o que torna certos lugares translúcidos.

Quando as pessoas me dizem que têm dificuldade para rezar, sempre sugiro que façam alguma coisa que gostam de fazer para tirar a mente das responsabilidades e preocupações comuns. Lembro-me de uma freira idosa que me disse detestar retiros porque eram muito chatos. Quando lhe perguntei o que gostava de fazer, ela mencionou palavras cruzadas e caminhar no bosque. Sugeri que fizesse isso e visse o que acontecia. Depois de alguns dias, ela disse com um sorriso irônico que estava gostando desse retiro e, então, mais timidamente, disse que Deus também parecia estar gostando. Em outro exemplo, um jovem seminarista viu-se muito distraído na oração. Disse-me gostar de observar a arquitetura da cidade onde morava. Quando sugeri que fizesse isso para sua oração, ele respondeu que se sentiria culpado. Então, eu disse: "Bem, reze do jeito que quiser, mas, da próxima vez que observar a arquitetura da cidade, convide Deus para ir com você e me conte o que acontece". Foi para ele o começo de um novo modo de se relacionar com Deus. Essas duas pessoas encontraram lugares translúcidos, lugares onde se esqueciam de si mesmas durante algum tempo e davam a Deus a chance de abrir caminho para a consciência delas.

Devemos tomar consciência dos lugares translúcidos de nossa vida, porque, ao prender nossa atenção e nos tirar de nossas rotinas e responsabilidades, eles possibilitam as experiências do desejo criativo divino para cada um de nós e nosso desejo correlativo de Deus. Vejamos alguns lugares translúcidos onde podemos ter essas experiências.

A Escritura como um lugar translúcido

Tanto ouvida como lida, a Escritura é um lugar translúcido quando você deixa as palavras prenderem sua imaginação e sua atenção. A Escritura não será um lugar translúcido se você a ler por seu significado. No poema humorístico "Introdução à poesia", Billy Collins capta a frustração do professor de literatura cujos alunos querem fazer o poema significar alguma coisa, em vez de deixá-lo ser o que é. Talvez vejamos alguma analogia com nossa atitude em relação à Escritura em suas palavras:

> Peço-lhes que peguem um poema
> e o segurem contra a luz
> como um *slide* colorido,
>
> ou apertem a orelha contra sua colmeia.
>
> Eu peço que deixem um camundongo cair em um poema
> e observem-no procurando sair,
>
> ou caminhando dentro da sala do poema
> e procurando nas paredes um interruptor de luz.
>
> Quero que eles façam esqui aquático
> na superfície de um poema
> acenando para o nome do autor na praia.
>
> Mas tudo o que eles querem fazer
> é amarrar com corda o poema a uma cadeira
> e torturá-lo até arrancar uma confissão.
>
> Começam batendo-lhe com a mangueira
> para descobrir o que ele realmente significa.

Imagino Deus dizendo a mesma coisa sobre o modo como não raro usamos a Escritura. É comum não deixarmos as Escrituras fazerem o que elas foram feitas para fazer — a saber, dar ao Mistério que chamamos de Deus a chance de ser ouvido e encontrado. A Bíblia não é um livro didático de teologia destinado só a alimentar nossa mente e proporcionar percepção intelectual. A maior parte da Bíblia é literatura imaginativa destinada a nos atrair a seu mundo para que Deus nos toque. Até os livros históricos foram escritos como narrativas para tocar nossa imaginação. Os autores bíblicos querem nos ajudar a encontrar Deus; em última análise, eles querem nos comover para nos envolvermos pessoalmente com Deus. A narrativa do Êxodo, por exemplo, foi escrita para conquistar a imaginação dos israelitas para que eles sentissem na pele o quanto Deus os amava;

assim, eles aprenderiam a confiar em Deus no presente e a invocar Deus para lembrar a aliança que Deus fez com eles no Sinai.

Liturgia como lugar translúcido

Quando as pessoas se reúnem para celebrar a comunhão com Deus, experimenta-se isso como um lugar translúcido. Há alguma coisa na assembleia para a oração, em especial se as pessoas vêm de famílias e ambientes diferentes, que provoca lampejos nelas, dando-lhes a sensação de estar em "solo sagrado". Para os cristãos, já se vê, a Eucaristia é a assembleia que, com mais frequência, se experimenta como "solo sagrado". Até liturgias eucarísticas ordinárias, aparentemente monótonas, tocam os presentes com uma sensação de paz e comunhão que é impressionante e encantadora, e eles se sentem unidos ao mistério que chamamos Deus. Isso é mais verdadeiro ainda quando a Eucaristia é celebrada com muita beleza e devoção. Se, além disso, a congregação é grande e cultural e racialmente diversificada, a experiência é ainda mais comovente porque percebemos que o sonho divino — de um mundo em que todos estão unidos em amizade com Deus e uns com os outros — está se realizando.

Vida conjugal e familiar como lugares translúcidos

O primeiro rascunho deste capítulo não mencionava a vida conjugal e familiar como possíveis lugares translúcidos, o que deve ser típico do pensamento celibatário. Percebi a lacuna quando li o ensaio *Marital Spirituality* do teólogo casado Thomas Knieps-Port le Roi. Ele salienta que os costumeiros modelos de espiritualidade tendem a presumir como norma um modo de vida celibatário e a relegar a vida conjugal a uma espécie de estado de segunda classe. Convido os leitores casados a refletir sobre sua vida conjugal e familiar para descobrir onde experimentam Deus. Talvez estas palavras de Knieps-Port le Roi os ajudem na reflexão:

> A espiritualidade apropriada para leigos e em especial para casados cresce em um solo diferente e produz, portanto, frutos diferentes. O solo é toda a variedade do que os cônjuges

Onde experimentamos Deus?

experimentam juntos: rotina diária, momentos de intimidade, a tomada de decisões quanto à vida que levarão juntos. Não há necessidade de ninguém ir em busca dessa realidade: ela está presente em todo relacionamento conjugal para ser percebida de imediato. A única pergunta é sobre como desenvolvê-la a fim de que se torne algo significativo para a fé e para a vida espiritual. Ou, em outras palavras, como se descobre o Espírito Santo dentro dessa realidade, o Espírito que faz do casal colaboradores e amigos de Deus?[1].

Uma espiritualidade para leigos só se desenvolve por leigos que a elaboram em um diálogo com a tradição e sua experiência. Um jeito de avançar é ouvir de casais e seus filhos como a vida casada e familiar proporciona lugares translúcidos.

A natureza como um lugar translúcido

A poeta Mary Oliver dá a impressão de ter nascido contemplativa. Leia qualquer um de seus muitos livros de poesia e você encontrará alguém que presta atenção no mundo que a rodeia. Veja, por exemplo, *The Summer Day* com sua inesquecível pergunta final:

> Quem criou o mundo?
> Quem criou o cisne e o urso-negro?
> Quem criou o gafanhoto?
> Quero dizer este gafanhoto —
> o que se atirou fora da grama,
> o que come açúcar em minha mão,
> que move as mandíbulas para trás e para a frente em vez
>   de para cima e para baixo —
> que olha fixamente em volta com seus olhos enormes
>   e complexos.

---

1 KNIEPS-PORT LE ROI, Thomas, Marital Spirituality. A Paradigm Shift, *The Way* 45, n. 4 (outubro de 2006) 59-74.

> Agora ele levanta os pálidos antebraços e lava bem a cara.
> Agora abre as asas e vai embora flutuando.
> Não sei exatamente o que uma oração é.
> Sei prestar atenção, me prostrar
> na grama, ajoelhar na grama,
> ser indolente e abençoado, passear pelos campos,
> que é o que venho fazendo o dia todo.
> Diga-me, que mais eu deveria fazer?
> Tudo não morre afinal e cedo demais?
> Diga-me, o que você pretende fazer
> com sua única vida turbulenta e preciosa?

Oliver diz que não sabe o que uma oração é, mas sua atenção aos pequenos detalhes da natureza leva-a à postura de oração: ajoelhar na grama, sentindo-se indolente e abençoada, cônscia de só ter recebido uma "única vida turbulenta e preciosa". Quando apresento esse poema em retiros, ele ajuda as pessoas a prestar atenção na criação divina e, nessa atenção, encontrar Deus.

O livro *Thirst*, também de Mary Oliver, traz o poema *Praying*, que nos oferece uma pequena instrução para rezarmos junto à natureza:

> Não tem de ser
> a íris azul, podem ser
> ervas daninhas em um terreno baldio,
> ou algumas pedrinhas;
> só preste atenção,
>
> então junte algumas palavras
> e não tente fazê-las elaboradas,
> isto não é um concurso,
> mas a porta de entrada
> para agradecimentos e um silêncio onde
> outra voz pode falar.

É disso que tratam lugares translúcidos: eles nos levam a juntar algumas palavras para nos dirigirmos ao Mistério e nos trazem a um "silêncio onde/outra voz pode falar".

Onde experimentamos Deus?

Lugares translúcidos improváveis

A referência de Mary Oliver a "ervas daninhas em um terreno baldio" traz à mente alguns lugares improváveis para encontrar Deus. Nem todos os lugares translúcidos são lugares de beleza, luz e esperança. Minha irmã Mary, irmã de caridade, trabalha há quase quarenta anos em um lar para meninos problemáticos. No fim de um retiro na casa de retiros de Eastern Point, as retirantes foram convidadas a falar de suas experiências. Muitas falaram de encontrar Deus na beleza do lugar, no nascer do sol e no pôr do sol, no azul do oceano etc. — em outras palavras, na "íris azul". Mary disse que ela também teve essas experiências, mas continuou e falou de uma alga marinha que, a princípio, lhe pareceu bastante feia. Ao contemplar essa alga marinha, ela começou a ver cores maravilhosas em sua confusa aparência. Isso a fez lembrar-se de como ela, muitas vezes, achara graça e encanto nos meninos problemáticos com quem trabalhava, que, à primeira vista, pareciam desgraciosos e difíceis de amar. Mary descobriu lugares translúcidos na alga marinha e nos meninos. Convido-o a pensar em alguns lugares translúcidos que são opostos aos lugares da "íris azul".

Alguns lugares são tão horríveis que prendem nossa atenção do mesmo jeito que os lugares de grande beleza. Ainda me lembro da minha visita há mais de cinquenta anos ao campo de concentração em Dachau, perto de Munique, na Alemanha. O que se destaca em minha memória é a palavra *Badezimmer* (banheiro) sobre a porta do cômodo onde homens, mulheres e crianças eram mortos envenenados com gás. Ordenavam-lhes que deixassem as roupas fora do cômodo para que fossem despiolhados no chuveiro. Mas, em vez de água, gás envenenado jorrava dos canos. Imaginei o horror dessas pessoas ao perceberem o que acontecia. Como seres humanos podiam fazer essas coisas com outros seres humanos?

Na ocasião, fiquei simplesmente paralisado. Acho que comecei a chorar. Não me lembro de nenhuma sensação da presença de Deus naquele lugar. Eu queria sair dali o mais depressa possível. Talvez a feiura e o horror tenham me atingido tão fortemente que perdi a oportunidade de permitir que Dachau fosse um lugar translúcido para mim. Talvez muitos de nós percamos a translucidez desses lugares de horror por não conseguirmos ou não querermos ficar o tempo suficiente para permitir que se tornem lugares onde encontramos Deus.

Você consegue pensar em ocasiões em que percebeu o coração arder com alguma coisa misteriosa enquanto estava em um lugar improvável? Talvez tenha sentido algo assim na presença de alguém que você ama que estava morrendo. Recentemente, um de meus amigos jesuítas me contou de uma visita que sua irmã fez ao irmão moribundo, que irradiava tanta paz e alegria que ela mesma se sentiu exaltada. Esse era um lugar translúcido improvável.

O teólogo Belden Lane encontrou um lugar translúcido improvável na clínica de repouso onde sua mãe estava morrendo de câncer e do mal de Alzheimer. Quando ela tentou arrancar o tubo de alimentação, ele teve de pedir ajuda, o que fez a mãe ter de usar mitenes. Ele escreve:

> Ali estava ela deitada — despojada de dignidade, incapaz de ajudar a si mesma nas menores coisas — e agora traída por um filho que, com as melhores intenções, só piorara as coisas. Saí do quarto engasgado com minha impotência.
>
> Mas, quando voltei à casa de repouso naquela tarde, aconteceu o inesperado. Naquele momento, minha mãe descansava tranquila, as luvas tinham sido removidas. Ela levantou os olhos e me disse com ternura, em um raro momento de lucidez: "Não chore, Belden. É natural ter de fazer isso. Tudo faz parte da morte!". Com essas palavras, uma janela se abriu de repente. Por uma graça imprevista, encontrei a cura por intermédio daquela que eu pretendia consolar[2].

Talvez você também tenha encontrado um lugar translúcido em uma ocasião de ministério difícil, como o dia terrível experimentado pela capelã da unidade de tratamento intensivo de um grande hospital, mencionada no capítulo 9. Ela viu-se movida pela compaixão pela mulher que talvez tivesse sacudido seu bebê até a morte. Durante seu ministério, a capelã viu-se presente com Deus.

---

2   LANE, Belden, *The Solace of Fierce Landscapes. Exploring Desert and Mountain Spirituality*, New York, Oxford University Press, 1998, 31.

Onde experimentamos Deus?

Às vezes, um lugar translúcido improvável é revelado pelas pessoas que ali estão e mostram a face de Deus. Auschwitz, o campo de morte nazista na Polônia, é um desses lugares. Ali morreram dois santos canonizados, Irmã Teresa Benedita da Cruz (Edith Stein) e Padre Maximiliano Kolbe. Edith Stein, judia desde seu nascimento, recusou-se a tentar fugir da Holanda para a Suíça quando judeus cristãos foram ameaçados de deportação para Auschwitz. Sentindo compaixão por seu povo, ela quis compartilhar seu destino. O sacerdote franciscano Maximiliano Kolbe ofereceu-se para tomar o lugar de um homem com família que foi escolhido para morrer em represália por uma fuga. Esses são apenas dois de muitos exemplos de compaixão que revelaram a presença de Deus nesse lugar de horror inimaginável. Até hoje quem entra em Auschwitz fala que experimentou a presença divina.

Você pode relembrar-se de outros horrores, testemunhados diretamente ou pela mídia, que se tornaram lugares translúcidos para você. No fim do documentário *Born into Brothels*, a história sobre como um presente de câmeras permitiu que crianças de Calcutá captassem em filme alguns dos horrores e das alegrias de suas vidas, fiquei arrasado a ponto de verter lágrimas pelo que aquelas crianças tiveram de suportar e, ao mesmo tempo, comovido por seu espírito indomável. Uma colega, Linda Amadeo, recorda sua reação ao filme *Hotel Ruanda*, que descreve o horror do genocídio em Ruanda e o heroísmo de um gerente de hotel que salvou muitos tútsis. Ela assistiu ao filme em silêncio entorpecido e intensa tristeza, muitas vezes, rompendo em soluços. Sentiu profunda admiração pelo gerente. Mais tarde, quando soube que os sobreviventes começaram a perdoar os que perpetraram essa atrocidade, ficou atônita. Mais adiante ainda, sentiu profunda gratidão a Deus por nos amar o bastante a ponto de nos redimir, apesar do que fazemos uns aos outros. Só então teve um pouco de paz.

Certamente, o lugar translúcido mais improvável de toda a História é o Gólgota, onde Igreja e Estado conspiraram para matar um inocente. Contudo, mesmo ali, o centurião romano que conduziu os soldados que crucificaram Jesus exclamou: "Verdadeiramente, este homem era Filho de Deus." (Mc 15,39). Desde esse dia terrível e impressionante, os cristãos contemplam Jesus na cruz e ali encontram Deus, esperança e paz. Na verdade, improvável, mas um fato!

Para experimentar Deus

Espero ter demonstrado com que facilidade encontramos lugares onde o céu e a terra se encontram, em meio à beleza, ou à devastação, tristeza ou alegria. Talvez esses exemplos o estimulem a passar algum tempo com suas "ervas daninhas em um terreno baldio" para descobrir se elas foram lugares translúcidos para você. Deus, que nos convida à amizade, está presente e ativo em toda parte. Como disse o poeta jesuíta Gerard Manley Hopkins, "o mundo está carregado da grandeza de Deus". Tudo o que é preciso para experimentar Deus é nossa abertura à presença divina.

14

Como sei que estou experimentando Deus?

Neste livro, falamos muito sobre como o Espírito nos move para sermos imagens de Deus e como podemos nos recusar e, muitas vezes, nos recusamos a seguir os estímulos do Espírito. Quero tratar aqui de como fazer para diferenciar os estímulos do Espírito de Deus da confusão de estímulos que nos cercam enquanto tentamos levar uma vida humana. Isso nos aproxima do problema da ilusão que perturba a todos os que levam a sério a experiência de Deus.

No Antigo Testamento, a questão da ilusão surge em advertências para diferenciar um profeta verdadeiro de um falso. O Novo Testamento repete a advertência: "Caríssimos, não acrediteis em qualquer pessoa, mas examinai os que se apresentam, para ver se são de Deus, porque muitos falsos profetas têm vindo a este mundo" (1Jo 4,1). Como saber se não sou um falso profeta, que o que escrevi neste livro diz ao menos alguma verdade a respeito de Deus? Como você sabe que suas experiências de Deus são realmente de Deus? Neste capítulo, vou resumir um processo de "testar os espíritos" a fim de saber se alguém está no caminho certo em direção a Deus; na história da espiritualidade, isso se chama discernimento dos espíritos.

Uma experiência de Santo Inácio de Loyola

Algumas apresentações do discernimento dos espíritos fazem-no parecer fora do alcance dos comuns mortais. Mas a capacidade de discernir os espíritos não se limita a santos, místicos e determinados religiosos. Inácio de Loyola começou sua longa jornada para discernir os vários espíritos que o moviam quando não tinha ideia do que fosse a vida espiritual.

Inácio era um intrépido jovem nobre e ambicioso quando uma bala de canhão lhe quebrou a perna. Durante a longa recuperação, ele passou muitas horas devaneando e lendo os únicos livros disponíveis no castelo de Loyola: um sobre a vida de Cristo e um outro livro sobre a vida dos santos. Em uma série de devaneios, ele imaginava os grandes feitos que realizaria para obter o favor de uma grande dama e apreciava imensamente essas fantasias. Quando lia sobre a vida de Cristo e algumas das vidas dos santos, começava a imaginar os grandes feitos que realizaria em imitação de Jesus e dos santos e também apreciava esses devaneios. Entretanto, havia uma diferença na forma como se sentia depois dessas duas séries de devaneios. Depois de devanear nos feitos cavalheirescos, não se sentia bem, mas, depois de devanear sobre seguir Jesus, continuava a sentir-se feliz e contente. Entretanto, durante muito tempo, ele não prestou atenção a essa diferença, até que um dia seus olhos se abriram. Ele conta no *Relato do Peregrino*:

> Seus olhos se abriram um pouco, e começou a maravilhar-se dessa diversidade e a refletir sobre ela. Então, por experiência, aprendeu que uns pensamentos o deixavam triste e outros, alegre. Assim, pouco a pouco, chegou a conhecer a diversidade dos espíritos que o moviam: um do demônio e outro de Deus[1].

Prestando atenção em seus sentimentos enquanto devaneava, Inácio começou a aprender a discernir os espíritos. Ele percebeu que Deus e

---

[1] St. Ignatius of Loyola, *Personal Writings. Reminiscences, Spiritual Diary, Select Letters, including the text of the Spiritual Exercises*. Trad. ing. J. A. Munitz e P. Endean, London, Penguin, 1996, 15. Todas as outras referências ao Relato do Peregrino são dessa edição.

o mau espírito operavam em seus devaneios com fins diferentes. Essa história deve remover parte do mistério associado à expressão *discernimento dos espíritos*.

Aqueles de nós que acreditamos que Deus está presente em todo momento da existência do mundo temos esperança de discernir as moções inspiradas por Deus em toda experiência que temos. A experiência inaciana prova que o discernimento dos espíritos não se limita ao que acontece quando rezamos formalmente.

Inácio não se tornou especialista em discernimento a partir daquele momento, mas foi então que ele começou a aprender no coração e na mente a reconhecer a atividade divina em sua experiência e a diferenciá-la da atividade daquele que Inácio chamava de "inimigo da natureza humana". Inácio diz que Deus o conduziu do jeito que o mestre conduz o aluno. Aos poucos, ele se tornou mestre em discernimento e formulou uma série de regras para o discernimento dos espíritos que estão contidas nos *Exercícios Espirituais* (EE 313-336). Vou apresentar aqui algumas dessas regras em linguagem do nosso tempo. Espero que elas o ajudem a discernir o que é de Deus em sua experiência.

Antes de começar, é importante observar que, embora nossa experiência seja o único lugar onde encontramos Deus, nenhuma experiência é pura; toda experiência que temos é influenciada pelo que está fora de nós, por nosso caráter psicológico, por nossa formação sociológica e cultural, pela língua que falamos e por nossos estados físicos. Toda experiência é multidimensional. Um comentário criterioso do teólogo anglicano Martin Thornton dá um exemplo dessa qualidade multidimensional:

> Uma rosa, então, é, por seleção e interpretação, algo diferente para pessoas diferentes. Para o botânico, é *rosaceae arvensis*, para o jardineiro, uma Ena Harkness, para o esteta, uma bela visão, e, para o cego, um cheiro maravilhoso. [...] Nenhum deles experimentou a rosa em sua totalidade, mas, quando o religioso do Templo diz que ela é uma criatura de Deus de quem ela revela a presença, sua interpretação não é menos válida[2].

---

2   THORNTON, Martin, *My God. A Reappraisal of Normal Religious Experience*, London, Hodder & Stoughton, 1974, 45.

Não há experiências puras de uma rosa nem de qualquer outra coisa; toda experiência sofre a influência de nossas experiências passadas e do nosso ponto de vista.

Ainda assim, para os fiéis, toda experiência é influenciada pelo Espírito divino. Por isso, há uma dimensão religiosa em toda experiência que temos, ao menos para aqueles de nós que cremos na onipresença de Deus. Para os que acreditam no mau espírito, esse espírito também influencia a experiência. Graças a essa grande quantidade de influências em nossa experiência, conseguimos saber como discernir o que é de Deus[3].

Diretrizes para o discernimento

Felizmente, a fim de discernir o que é de Deus, não temos de decifrar todas as influências — por exemplo, o que se deve ao que comemos no jantar ou à criação que nossos pais nos deram. O discernimento dos espíritos não exige uma escavação arqueológica de todas as camadas que formam cada experiência. Só precisamos prestar atenção no que experimentamos e, então, nos aplicar em algumas regras simples.

A orientação de sua vida

Nas regras inacianas para o discernimento dos espíritos, o primeiro conselho é que você verifique a orientação de sua vida. Estou me desviando do caminho certo ou procuro levar uma vida cristã decente? Como leitor deste livro, deve ser fácil para você responder a essa pergunta! Você não o leria se estivesse se desviando — isto é, se voltasse contra Deus e os caminhos divinos. As pessoas escrupulosas podem dizer que temem estar no caminho do inferno, mas o fato de tentarem tão arduamente certificar-se de não pecar mostra a falácia de sua avaliação.

---

[3] Quem quiser conhecer melhor a teoria por trás disso, veja meu livro *A Direção Espiritual e o Encontro com Deus. Uma indagação teológica*, São Paulo, Loyola, 2005. Veja principalmente o capítulo 2, "A dimensão religiosa da experiência", e o capítulo 5, "Teologia do discernimento de espíritos".

Como sei que estou experimentando Deus?

Primeira regra

Só para completar, deixe-me explicar o que Inácio diz a respeito dos diversos modos em que o Espírito divino e o mau espírito operam com os que deliberada e seriamente se afastam de Deus. O mau espírito tenta fazer com que essas pessoas racionalizem seu comportamento e suas atitudes: "Não sou um cara tão mau. Roubo dinheiro, mas é só o que mereço por tudo o que tenho feito por esta empresa!"; "Comparado com a Helen, sou um santo!"; "Cuido de minha mulher e de meus filhos; eles não sabem de meu caso com a Jane, portanto, não sofrem com isso!". Em outras palavras, o mau espírito procura abafar o remorso de quem age de modo contrário ao que é certo. Por outro lado, o remorso vem do Espírito divino. Ele não nos ataca, mas, sim, faz perguntas quanto ao nosso comportamento: "Você está realmente feliz agindo assim?"; "Não sente uma pontada de remorso quando vai para casa, ficar com sua esposa e sua família depois de passar a noite com sua amante?".

Um exemplo real talvez ajude. Não acho que me afastei de Deus deliberadamente, mas meu consumo de álcool incomodava aos outros e a mim. Ainda assim, eu não queria analisar o problema. Lembro-me de dizer a mim mesmo algo como "Você precisa de um trago para relaxar depois de um dia difícil", ou "Você não perde um só dia de trabalho por causa da bebida" e "Sua saúde é boa. O efeito não é tão ruim!".

Eram racionalizações induzidas pelo mau espírito e por minha relutância a fazer um exame honesto de meu consumo alcoólico. Por outro lado, eu tinha sentimentos recorrentes de que alguma coisa estava errada. Às vezes, eu me perguntava o que o álcool estava causando em minha saúde. Corava de vergonha quando me lembrava de como tinha sido cruel com alguém depois de tomar algumas doses ou quando um de meus amigos demonstrava preocupação com a quantidade que eu bebia. Creio que o Espírito divino tentava levar-me a pensar seriamente em meus hábitos de beber e fazer alguma coisa a respeito deles e o mau espírito estava feliz por ver as coisas permanecerem como estavam.

Finalmente, pela graça de Deus, dei atenção ao bom espírito. Menciono essa experiência pessoal para mostrar que o discernimento dos espíritos não é esotérico. Significa simplesmente prestar atenção a nossa experiência a fim de viver mais de acordo com o modo de Deus.

Segunda regra

Agora vamos tratar da orientação de muitos de nós, que tentamos viver sincera e honestamente o melhor que podemos. Nesse caso, diz Inácio, o bom e o mau espírito agem de modo *contrário* ao modo como agem com os que se afastaram do caminho divino. O mau espírito levanta dúvidas e questões que causam inquietudes interiores e egoísmo, enquanto o bom espírito procura nos incentivar e aumentar nossa paz, alegria, fé, esperança e amor.

Se você procura viver como bom cristão, talvez tenha pensamentos como estes: "Quem você pensa que é — alguma espécie de santo?"; "Todo mundo pula etapas neste escritório. O que há com você? Julga-se melhor que os outros?"; "Deus não tem tempo para alguém como você!"; "A maioria das pessoas, mesmo das que creem em Deus, não tenta viver do jeito que você vive!". Essas questões e ideias têm o único objetivo de perturbar seu espírito e mantê-lo inquieto e cético. Além disso, você vai perceber que todas as perguntas e dúvidas concentram-se em você, não em Deus ou nas pessoas de Deus.

O bom espírito, por outro lado, inspira pensamentos como estes: "Estou genuinamente feliz com minha decisão de dar satisfação a minha irmã, com quem tive uma desavença!"; "Gostaria de ter parado de beber há muito tempo. Estou muito mais feliz e mais saudável agora e é mais fácil conviver comigo!"; "Parece que Deus está muito mais perto de mim desde que comecei a dedicar, todo dia, algum tempo à oração, e agora me sinto menos ansioso e inseguro!". Espero que você perceba em sua experiência como esses dois espíritos o conduzem.

Eis um exemplo: há alguns anos, uma mulher viveu três dias de oração muito consoladora em seu retiro anual. Sentiu-se perto de Deus, feliz e cheia de vida e fé. Então, no quarto dia, ela me disse: "Isto é pretensioso demais para mim. Preciso dedicar algum tempo à preparação de minhas aulas, não à oração!". No dia seguinte, ela não conseguia rezar e se sentia infeliz. Quando examinamos o que havia acontecido, descobrimos que a proximidade de Deus a assustara. Em vez de dizer a Deus que estava assustada, o que teria perpetuado a conversa, ela deixou os sentimentos de indignidade atrapalharem sua experiência. O mau espírito usou seu medo da proximidade de Deus para levá-la a concentrar-se em suas aulas, em vez de concentrar-se em sua alegre oração. A interrupção na oração não a levou a se preparar para as aulas, mas só a um dia miserável no retiro. É assim que o mau espírito opera com os que tentam levar a vida conforme a amizade com Deus.

Em suma, se você está de algum modo em desarmonia com Deus em sua vida, Deus tenta levá-lo a mudar e você sente remorso. Entretanto, esse remorso não leva a uma ansiosa introspecção e ao egoísmo, mas indica delicadamente onde você errou. O mau espírito, ou seu desejo de mudar de vida, sussurra racionalizações e tenta convencê-lo de que nada está errado. Por outro lado, se você procura viver em harmonia com Deus, o Espírito divino o consola e o incentiva, mas o mau espírito ou o medo que você tem da proximidade com Deus tenta fazê-lo duvidar de sua experiência. Um sinal desse mau espírito é que você se torna egocêntrico, em vez de se concentrar em Deus e nos outros.

Inácio dá um bom exemplo de como o mau espírito opera com alguém que está no caminho certo. Em certa ocasião, ele pensou: "Como você poderá suportar esta vida [de oração e penitência] durante os setenta anos que você deve viver?". Inácio respondeu com grande força: "Será que tu podes me prometer uma hora sequer de vida?"[4]. Os alcoólicos conhecem bem essa tentação, daí o conselho dos Alcoólicos Anônimos para se levar a vida um dia de cada vez.

Terceira regra: consolação espiritual

Inácio acreditava que Deus quer que sejamos felizes e realizados e que o caminho para ser feliz e realizado é estar em harmonia com o sonho divino para o mundo e para nós. Nos termos deste livro, o caminho para ser feliz e realizado é aceitar a oferta divina de amizade e viver de acordo com essa amizade. Segundo Inácio, se tentamos fazer isso, "consolação" é a ordem do dia. Isso não significa que a vida será sem dor e sofrimento; significa que Deus quer ser uma presença consoladora para nós, até nas dores e nos sofrimentos inevitáveis da vida. Portanto, as an-

---

4   IGNATIUS OF LOYOLA, *Personal Writings*, 22.

gústias das pessoas escrupulosas não vêm de Deus, pois elas tentam levar uma vida boa. O próprio Inácio, depois do primeiro fervor que se seguiu a sua conversão, teve um terrível ataque de escrúpulos quanto a confessar seus pecados passados. As coisas ficaram tão ruins que ele contemplou o suicídio. Finalmente, ele chegou à conclusão de que esses pensamentos escrupulosos não podiam ser de Deus e decidiu nunca mais confessar os pecados passados.

O que, exatamente, é a consolação? A consolação refere-se a uma experiência de desejo de Deus, de aversão pelos pecados passados, ou de simpatia por Jesus ou outra pessoa sofredora. Em outras palavras, refere-se a

> todo aumento de fé, esperança e caridade, bem como toda a alegria interna, que chama e atrai para as coisas celestes e para a salvação da própria pessoa, aquietando-a e pacificando-a em seu Criador e Senhor (*EE* 316).

A carta paulina aos Gálatas relaciona o fruto do Espírito com "caridade, alegria, paz, paciência, gentileza, bondade, fidelidade, doçura e autodomínio" (Gl 5,22-23). Quando você experimenta esse grupo de moções em sua existência, pode ter relativa certeza de que o Espírito divino o move.

Quarta regra: desolação espiritual

A desolação é o contrário da consolação. Inácio dá estes exemplos:

> [...] escuridão interna, perturbação, moção para coisas baixas e terrenas, inquietude, com diversas agitações e tentações, movendo à desconfiança, sem esperança, sem amor, achando-se a pessoa toda preguiçosa, tíbia, triste e como que separada de seu Criador e Senhor (*EE* 317).

Se procurarmos viver como amigos de Deus, veremos que experiências de sentimentos aborrecedores, inquietantes, ansiosos, infelizes, desanimados, entre outros, são experiências de desolação. Esses sentimentos não vêm de Deus.

Como sei que estou experimentando Deus?

Se procurarmos viver como amigos de Deus, conseguiremos acreditar que nossa experiência é do Espírito divino quando, como resultado da experiência, nos sentimos mais vivos, mais tranquilos, mais energizados e também mais preocupados com os outros do que com nós mesmos. Essas simples regras práticas não são garantias absolutas de que estamos certos ou de que nosso modo de proceder dará bons resultados, mas elas nos dão alguma certeza de que estamos no caminho correto. Se obedecermos aos impulsos dessas experiências poderemos seguir em frente confiantes, acreditando que Deus continuará a nos mostrar o caminho.

Outro exemplo inaciano

Durante o tempo que passou em Manresa, onde começou a formular as ideias que se tornariam os Exercícios Espirituais, Inácio concluiu que Deus o chamava para passar a vida em Jerusalém auxiliando as almas. Quando chegou a Jerusalém, o superior provincial dos franciscanos encarregados da Terra Santa disse-lhe que teria de ir embora por causa das circunstâncias perigosas. Mas Inácio aguentou firme e disse que pretendia ficar e que nenhum perigo o deteria. Quando percebeu que Inácio não partiria por sua livre vontade, o provincial lhe disse que o excomungaria da Igreja Católica se ele não partisse com os outros peregrinos. Inácio decidiu "que não era a vontade de Nosso Senhor que ele permanecesse nesses lugares santos"[5]. Ao que parece, Inácio errou na interpretação das moções de Deus em seu interior. Mas ele teve de seguir as experiências "consoladoras" até encontrar o que lhe pareceu um obstáculo intransponível — a saber, uma autoridade da Igreja Católica que podia excomungá-lo — para satisfazer o que ele acreditava ser a vontade de Deus. Ele era um católico fervoroso, portanto, não acreditava que Deus o levaria a realizar alguma coisa que o fizesse ser excomungado.

Para Inácio, como para todo católico romano, o discernimento pessoal dos espíritos tem uma tensão saudável com a autoridade, e a menos que fique claro que a pessoa abandonaria Deus ao obedecer à autoridade em um conflito como o que Inácio sentia, então, a autoridade leva

---

5   Ibid., 35.

surpreendente vantagem sobre o discernimento pessoal. Mas a questão aqui é que Inácio não teria discernido sua verdadeira vocação sem seguir as melhores luzes que tinha e ir a Jerusalém.

Depois dessa contrariedade, Inácio voltou à Espanha determinado a estudar teologia a fim de poder ajudar as almas. Mas não desistiu completamente do objetivo de ir a Jerusalém, como ficou claro quando reuniu os primeiros companheiros que seriam, junto a ele, os fundadores da Companhia de Jesus. Enquanto eram estudantes na Universidade de Paris com Inácio, todos esses companheiros fizeram os Exercícios Espirituais e chegaram à mesma conclusão, de que Deus os chamava a Jerusalém, para ali viver e trabalhar. Fizeram votos de efetuar essa empreitada, mas com a condição de que, se não conseguissem chegar lá dentro de um ano, eles se colocariam à disposição do papa. Por causa da guerra, não puderam zarpar para Jerusalém no tempo definido, por isso, foram para Roma, onde pediram permissão ao Papa Paulo III para formar a Companhia de Jesus. Inácio e seus companheiros tiveram de seguir os impulsos que discerniram ser do Espírito divino e então ver o que acontecia. Esse é um exemplo de confiar na experiência, mas também deixar os acontecimentos mostrarem se a decisão tomada leva a algum lugar.

Décima quarta regra

Antes de encerrar esta breve introdução ao discernimento dos espíritos, quero mencionar uma das regras práticas inacianas que me ajudaram bastante. Inácio fala do emprego, por parte do inimigo, da natureza humana das táticas de um comandante militar que sitia uma cidade. O comandante procura encontrar o ponto fraco da defesa e atacá-lo. Assim, também, Inácio pondera, o mau espírito observa nossos pontos fracos e os ataca num esforço para nos afastar da amizade divina (*EE* 327).

Assim, se sou propenso à insegurança, minha insegurança será o ponto de ataque do mau espírito toda vez em que eu me sentir perto de Deus. Vou me perguntar se estou me enganando ao pensar que Deus quer minha amizade ou que discerni os espíritos corretamente, embora tudo pareça mover-se na direção certa. Se tenho tendência a me sentir seguro só quando estou trabalhando, então, toda vez que dedico algum tempo a mim mesmo, até quando é necessário para minha saúde, sinto alguma ansiedade e começo a questionar meus atos. Todos nós temos pontos fracos em nossa personalidade. O autoconhecimento ajuda-nos a saber quando as sugestões do mau espírito nos desviam de nossos objetivos.

Essas regras simples vão ajudá-lo a fazer sua parte para permanecer na amizade que Deus quer ter com você. Acrescento que você também será ajudado se tiver alguém com quem conversar sinceramente sobre sua vida, de modo a discernir com mais confiança onde está em harmonia com Deus e onde não está. Atualmente, muito mais pessoas se valem da ajuda de um orientador espiritual[6] para se manter fiéis à amizade com Deus.

---

6   Se você quiser informações sobre orientadores espirituais em sua região, entre em contato com Spiritual Director International (www.sdiwould.org), organização que mantém um registro de orientadores espirituais em várias partes do mundo.

Conclusão

No CAPÍTULO 7 do livro da Sabedoria, lemos: "Ela [a sabedoria] é um sopro do poder de Deus, uma pura emanação do esplendor do todo-poderoso" (Sb 7,25). A palavra hebraica traduzida como "espírito" também se traduz por "vento" ou "sopro"; por isso, os cristãos, muitas vezes, entendem "sabedoria" como o Espírito de Deus. O autor continua:

> Embora sendo uma só, tudo pode,
> sempre a mesma, ela renova o universo.
> Passa, através dos séculos, para as almas santas,
> fazendo-as amigas de Deus e profetas (Sb 7,27).

Neste livro inteiro, afirmei que Deus quer que todos os seres humanos sejam essas "almas santas" e, assim, "amigas de Deus e profetas". Espero que você tenha experimentado o desejo divino de sua amizade e seu desejo correspondente de ser amigo de Deus. Estou convencido de que o único caminho para a realização do sonho divino para nosso mundo seja cada vez mais seres humanos aceitarem a oferta divina de amizade e começarem a encarar as consequências disso.

Se aceitamos a oferta divina e procuramos viver como amigos de Deus, passamos a ser *sócios* de Deus no negócio de família para construir o mundo descrito pelo poeta Isaías:

Amizade sem igual

O lobo mora com o cordeiro,
a pantera dorme com o cabrito,
novilho e leãozinho pastam juntos,
sob a guarda de uma criancinha.
A vaca e a ursa têm amizade,
seus filhotes repousam juntos.
O leão come palha como o boi.
O lactente brinca na cova da serpente,
na toca da cobra venenosa a criança põe a mão.
Já não há mal nem danos
em toda a minha Santa Montanha,
pois o país está repleto do conhecimento de Javé
como as águas enchem a bacia dos mares (Is 11,6-9).

Deus quer amizade com você e comigo, e com todos os nossos irmãos e irmãs no mundo. Vamos aceitar a oferta, não vamos? Sejam benditos todos vocês.

Bibliografia comentada

BARRY, William A., *Deus e você. A oração como relacionamento pessoal*. São Paulo: Loyola, ⁴1995. Muita gente acha este livrinho proveitoso para o desenvolvimento de seu relacionamento com Deus.

———. *Que desejo com Deus?* São Paulo: Loyola, 1995. Neste livro, conduzo o leitor pelos Exercícios Espirituais como forma de oração para desenvolver o relacionamento com Deus.

———. *With an Everlasting Love. Developing an Intimate Relationship with God*. New York: Paulist Press, 1999. Desenvolvo mais o tema do relacionamento com Deus.

CARMICHAEL, E. D. H. (Liz). *Friendship. Interpreting Christian Love*. London: T&T Clark International, 2004. Achei este livro muito proveitoso como desenvolvimento erudito do tema.

DAVIES, Oliver. *A Theology of Compassion. Metaphysics of Difference and the Renewal of Tradition*. Grand Rapids, MI: William B. Eerdmans, 2003. Leitura densa e difícil, mas muito compensadora para quem quiser fazer o esforço necessário.

LANE, Belden. *The Solace of Fierce Landscapes. Exploring Desert and Mountain Spirituality*. New York: Oxford University Press, 1998. As paisagens selvagens aqui analisadas incluem casas de repouso.

MARTIN, James. *Becoming Who You Are. Insights on the True Self from Thomas Merton and Other Saints*. Mahwah, NJ: Paulist Press, 2006. Este livro criterioso mostra como o relacionamento com Deus nos conduz ao nosso verdadeiro eu.

Matthew, Iain. *The Impact of God. Soundings from St. John of the Cross*. London: Hodder & Stoughton, 1995. Muita gente acha este livro uma grande fonte de oração.

Wright, N. T. *Simply Christian. Why Christianity Makes Sense*. San Francisco: HarperSanFrancisco, 2006. Introdução brilhante e acessível ao cristianismo como resposta aos ardentes desejos do coração humano.

———. *Evil and the Justice of God*. Downers Grove, IL: InterVarsity Press, 2006. Li este grande livro depois de terminar o capítulo de meu livro sobre o mal humano e as catástrofes. Wright é um dos grandes estudiosos e autores cristãos de hoje.

Informações bibliográficas complementares aos agradecimentos

Primary Wonder, de Denise Levertov (xiii), é de *Sands of the Well*, New York: New Directions, 1996. Com permissão de New Directions.

Preparations, de Franz Wright (91-92), é de *God's Silence*, New York: Knopf, 2006. Com permissão do autor.

Annunciations, de Denise Levertov (114-116), é de *A Door in the Hive*, New York: New Directions, 1989. Com permissão de New Directions.

Introduction to Poetry, de Billy Collins (166-167), é de *The Apple That Astonished Paris*, Fayetteville: University of Arkansas. Com permissão do autor.

The Summer Day, de Mary Oliver (170-171), é de *New and Selected Poems*, Boston: Beacon Press, 1992. Com permissão de Beacon Press.

Praying, de Mary Oliver (171-172), é de *Thirst*, Boston: Beacon Press, 2006. Com permissão de Beacon Press.

Partes dos capítulos 9 e 10 foram publicadas originalmente em *America*, 2 de outubro de 2006, 25-27. Versões dos capítulos 10 e 13 foram publicadas em *Human Development*, entre o verão e o inverno de 2007. Agradecemos a permissão para reimprimir.

Edições Loyola

editoração impressão acabamento
Rua 1822 n° 341 – Ipiranga
04216-000 São Paulo, SP
T 55 11 3385 8500/8501, 2063 4275
www.loyola.com.br